초연결성 시대의
가치와 혁신

초연결성 시대의
가치와 혁신

초판 1쇄 인쇄 | 2018년 4월 20일
초판 1쇄 발행 | 2018년 4월 27일

지은이 | 변부환·폴 이스케
번　역 | 변주경
펴낸이 | 박영욱
펴낸곳 | (주)북오션

편　집 | 허현자
마케팅 | 최석진
디자인 | 서정희 · 민영선

주　소 | 서울시 마포구 월드컵로 14길 62
이메일 | bookrose@naver.com
네이버포스트 : m.post.naver.com ('북오션' 검색)
전　화 | 편집문의: 02-325-9172　영업문의: 02-322-6709
팩　스 | 02-3143-3964

출판신고번호 | 제313-2007-000197호

ISBN 978-89-6799-362-7 (93320)

이 도서의 국립중앙도서관 출판예정도서목록(CIP)은 서지정보유통지원시스템
홈페이지(http://seoji.nl.go.kr)와 국가자료공동목록시스템
(http://www.nl.go.kr/kolisnet)에서 이용하실 수 있습니다.
(CIP제어번호: CIP2018010151)

초연결성시대의
가 치 와 혁 신

변부환 · 폴 이스케 지음

Combinatoric
Innovation

북오션

한국과 네덜란드가 무엇을 함께 할 수 있을까요?

《초융합적 혁신 *Combinatoric Innovation*》 한국어 판 《초연결성 시대의 가치와 혁신》을 위한 추천사 요청을 받고 정말 기뻤습니다. 나는 네덜란드 총리직을 수행할 당시에도, 그 이후에도 한국을 여러 번 방문했습니다. 진심으로 경이로운 성과를 이룬 한국을 존경합니다. 나는 한국의 연세대학교에서 명예박사 학위까지 받는 영광도 누렸습니다. 이와 같은 개인적인 이유도 있고, 한국과 네덜란드의 오랜 역사적 인연도 있어서인지 한국에서 늘 편안함을 느낍니다.

한국과 네덜란드의 관계는 17세기 헨드릭 하멜 등 네덜란드 상인들이 세계 탐험을 하면서 동쪽으로 항해를 시작했을 당시로 거슬러 올라갑니다. 황금시대라고 불렸던 이 시기에 네덜란드의 영향력은 과학, 문화, 상업 등 여러 방면으로 빠르게 커지고 있었습니다. 그와 같은 급속한 발전은 개방적이고, 호기심 많은 네덜란드인의 성향, 굳건한 기업가 정신과 성실성 때문이라고 생각합니다.

한국 문화에도 이러한 특징들이 다분합니다. 한국은 세계에서 유래 없는 성과를 일구어낸 나라입니다. 제2차 세계 대전 후 빈곤에서 탈출하여 빛나는 번영과 국민의 안녕을 달성했습니다.

헨드릭 하멜에서 거스 히딩크까지, 여러 세기가 지났지만 우리는 여전히 좋은 친구이자 동반자입니다. 이제 디지털화, 세계화, 심각한 환경문제로 점철된 새로운 시대 속에서 두 나라 모두 기회와 도전을 마주하고 있습니다. 속도를 늦추고 쉬어갈 여유는 없습니다.

세계는 점점 복잡해지고, 우리 앞에 놓인 문제들도 더 심각해져 갑니다. 이런 상황 때문에 우리는 지식을 발전시키고, 공유하고, 사용하기 위한 새로운 방식이 필요합니다. 특히 과학기술 부문의 발전은 획기적인 새로운 가치 창출의 기회를 제시하고 있습니다. 특별히 네덜란드와 한국과 같이 개방 경제와 문화를 가진 나라들에게는 더욱 좋은 계기가 될 것입니다.

네덜란드 총리로 재직할 당시, 나는 굉장히 많은 주제를 앞에 놓고 여러 이해관계, 다른 의견과 다양한 관점을 가진 이해관계자들을 고려해야 했습니다. 네덜란드의 정치는 최대한 합의에 이르러야 한다는 원칙을 기반으로 합니다. 다양한 관점들이 정치 체계에 반영되어 있기 때문에 네덜란드는 연립정부를 구성합니다. 연립정부를 이끌면서 배운 것은 '상대방과 주고 받는 일'이었습니다. 또한 이 과정에서 여러 정당의 지식, 아이디어와 이들이 원하는 바를 고려하고 결합하면서 또다른 해결책을 찾을 수 있는 새로운 혜안과 가능성을 발견하기도 했습니다. 혁신 플랫폼(Innovation Platform)의 의장을 수행하면서도 같은 경험을 했습니다.

　나는《초융합적 혁신》을 매우 즐겁게 읽었습니다. 네덜란드 연립정부 수장 역할을 하면서, 사실 초융합적 혁신이 소개되기 6년 전, 그 개념을 알지도 못한 채 이미 실행해왔음을 책을 읽으면서 알게되었습니다. 내 경험에 비추어 이 책의 가장 중요한 결론에 자신 있게 찬성할 수 있습니다. "여러 원천에서 나온 지식을 융합하는 일은 변화하는 사회의 복잡한 문제를 해결하는 데 없어서는 안 되는 과정이다. 하지만 이 과정은 헌신, 용기, 열정, 유연성이 있어야 진행할 수 있다". 그리고 "이 책은 나를 위해 무엇을 담고 있는가?"라는 질문뿐만 아니라, "이 책은 당신을 위해 무엇을 담고 있는가?"라는 타인의 관점도 포함해야 할 것입니다.

　네덜란드와 한국은 스스로를 위해, 무엇보다도 다음 세대를 위해 지속가능한 미래를 만들어가는 데 있어, 스스로에게 주어진 책임을 온전히 인식하고 있다고 봅니다. 혁신과 지속가능성에 분명히 방점을 찍고 있기 때문입니다. 글로벌 녹색성장 연구소(GGGi)와 판교가 한국의 실리콘 밸리 역할을 하면서 보여준 성과가 그 증거입니다. 네덜란드에서는 재계, 학계, 정부가 이른바 삼중나선구조(Triple Helix) 속에서 더 많은 것들을 함께 성취해 내기 위해 협업하고 있습니다. 혁신과 협업은 이른바 글로벌 활동이 되었습니다. 누구나 지구 어디에 있더라도 다른 사람과 함께 일할 수 있습니다. 이제 이 책의 근본적인 질문, '우리가 무엇을 함께 할 수 있을까?'를 물어야 하고, 그 어느 때보다 많은 주체들이 나서서 대답을 해야 합니다. 그렇게 하기 위해서는 사고가 개방적이어야 하고, 상대를 존중할 줄 알고, 공유가치 창출에 관심이 있어야 합니다.

나는 이 책이 한국과 네덜란드, 더 나아가 세계 곳곳에 존재하는 사람, 조직, 사회에 도움이 될 수 있기를 바랍니다. 그래서 자신들의 꿈, 소망, 기술, 역량을 찾고 엮어서 더 나은 세상을 만드는 데 기여할 수 있기를 바랍니다.

얀 피터 발커넨드
네덜란드 전 총리

Contents

Contents

제8장 **초융합적 혁신 사례 연구**

PART 1

초연결성
시대로의 전환과
새로운 가치

1.1.
초연결성(Hyper-connected) 시대로의 전환과 새로운 가치

4차 산업혁명의 거센 변화의 바람이 불고 있다. 인공지능, 빅데이터, 사물 인터넷, 블록체인 등 초연결성의 시대를 대변하는 기술의 발전은 세계 산업의 지형도를 바꾸고 있다. 대표적인 예로, 단 한 개의 호텔 객실도 소유하지 않고 인터넷에 기반한 세계 최대의 호텔체인 에어비엔비(AirBnB)를 탄생시켰으며, 단 한 대의 택시도 소유하지 않고 인터넷에 기반한 세계 최대의 택시 회사 우버(Uber)가 등장했다. 에어비엔비는 자신의 집이나 아파트 등을 인터넷 앱을 통해 다른 사람에게 임대하는 서비스를 제공하고 있다. 2008년 서비스를 시작하여 전 세계 192개국(2013년 기준)에서 서비스를 제공하고 있으며 매 2초당 한 건씩 예약이 이루어지고 있는 것으로 알려졌다.

2017년 시장 가치는 31조 원(USD 31bln) 정도로 예측되고 있다. 우버는 스마트폰을 기반으로 택시 서비스를 제공해 준다. 2010년 본격적인 서비스를 시작하여 100여 개 도시(2014년 기준) 이상에서 서비스를 제공하고 있다. 2016년 기준 우버의 시장 가치는 70조 원으로 추정된다.

금융 산업도 4차 산업혁명의 거센 변화의 흐름에 직면하고 있다. 글로벌 결제 시스템, 무역금융, 소매 및 기업 금융, 리스크 관리 등에서도 블록체인 및 빅데이터의 활용과 인공지능 기술이 접목되고 있다. 상대적으로 진입 장벽이 높아 전통적인 금융 서비스 및 상품을 비교적 오래 유지해 오던 금융 분야에도 핀테크로 대변되는 기술 혁신이 변화를 주도하고 있는 것이다. 전 세계 대형 은행들은 이미 블록체인을 활용하여 지급결제 시스템, 무역금융, 신디케이션 대출 과정 등에서 혁신적 변화를 주도해 나가고 있다. 유럽에서는 2018년 1월부터 비 은행권에서 지급결제 서비스를 제공할 수 있는 PSD2(Payment Service Directive 2)가 발효되어 핀테크 회사들도 유럽 연합에서 정한 TTP(Trusted Third Party)의 요건을 충족하면 일반 은행들처럼 지급결제 서비스를 제공할 수 있게 되었다. 유럽 시장에 보다 효율적이고 안전하고 혁신적인 지급결제 시스템을 견인하는 역할을 할 것으로 기대되고 있다. 한국에서는 2017년 인터넷에 기반한 인터넷 전문은행인 K-Bank 및 카카오뱅크가 출범하여 금융권에 큰 변화를 몰고 왔다.

몸이 아플 때 전문의의 진료를 받는 일도, 필요한 법률 자문을 구하는 일도 이제는 인공지능에 의해 보다 효율적 서비스 제공이 모색되고 있다. 또한 이러한 변화의 중심에는 기존의 제품과 서비스를 뛰어넘어 고객과의 새로운 접점이 만들어지고 있다. 이렇게 새로운 세상을 가능하게 하는 것이 바로 초고속 통신망을 기반으로 한 '혁신'이며, 이러한 혁신의 중심에는 사람과 사물 그리고 커뮤니티에서의 '연결(connection)'이라는 것이 중요한 특징으로 대변된다.

초연결성의 시대가 추구하는 가치는 크게 세 가지로, 투명성(Transparency), 신뢰(Trust), 그리고 전환(Transformation)으로 구분될 수 있다. 우선, 초연결성 시대의 특징으로 공개된 정보를 바탕으로 한 고객과의 연결성에 주목할 필요가 있다. 우버와 에어비엔비에서 돋보이는 특징처럼 서비스에 대한 고객들의 축적된 실시간 피드백을 들 수 있다. 즉 고객들이 서비스를 소비하고 나서 해당 집이나, 아파트, 운전자 등에 대한 만족도를 실시간으로 평가할 수 있도록 서비스가 고안된 것이다. 만족하지 못하는 부분에 대한 피드백 역시 공유가 가능하여 다른 소비자들로 하여금 서비스 이용 시의 의사결정에 중요한 참고 사항의 역할을 하게 된다. 궁극적으로 이러한 공개된 정보의 공유 및 교환은 '투명성(Transparency)' 제고로 이어지고 의사결정 과정에서 거래비용을 획기적으로 줄이는 역할을 하면서 새로운 가치를 창출하고 있다. 이러한 투명성 제고와 함께 서비스를 제공하는 개인의 이름과 연락처 등이 공개되고 필요하면 실시간 소통할 수 있는 채널을 구축해 신뢰(Trust)를 증대시킨다. 이러한 투명성과 신뢰의 증대는 오랜 기간 경제학에서 정보의 비대칭성으로 인해 제기되어 온 '도덕적 해이'나 '역선택의 문제'[1] 등에도 획기적인 대안을 제시하며 새로운 가치를 창출해 나갈 것으로 기대가 모아지고 있다.

이처럼 기술 혁신에 기반한 서비스는 기존의 서비스에 비해 보다 쉽고 편리하게 이용할 수 있도록 고안되며 가격 경쟁력도 갖추게 되었다.

끝으로 초연결성 시대의 혁신은 새로운 산업 생태계로의 전환(Transformation)을 추구한다. 공개된 정보 공유를 바탕으로 제고된 투명성과 신뢰는 기존의 중앙 집중적 혹은 중앙 통제적 구조의 프로세스를 보다 분산된 형태의 통제 구조 혹은 개별 프로세스의 효과적 매칭 및 통합으로 전환되고 있다. 블록체인(Block Chain)의 분산원장(Distributed Ledger) 기술이 대표적인 예이다. 뿐만 아니라 개별화된 정보들 속해서 패턴을 읽고 미래의 의사 결정을 예측해 나가는 등의 빅데이터 관리 기술도 중요해지고 있다.

---

1 경제학에서 도덕적 해이와 역선택의 문제는 정보의 비대칭성으로 인해 발생하는 대표적인 이슈들이다. 도덕적 해이는 정보의 비대칭성으로 인해 감추어진 행동이 문제가 되는 상황이면 어디에서든 나타날 수 있다(대리인이 반드시 주인을 위해 일을 하지 않을 수 있는 경우와 보험에 가입된 사람은 상대적으로 사고를 줄이는 노력을 덜 할 확률이 높은 경우 등). 역선택의 문제 역시 정보의 비대칭성에서 출발한다. 정보의 비대칭성으로 인해 시장에 소위 '레몬(신용도가 낮은 대출자나 품질이 좋지 않은 중고차 만 남는 경우)' 만 존재하게 되는 현상을 설명.

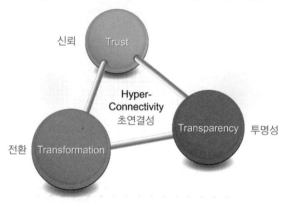

Emergence of New value 새로운 가치의 출현

위에서 정의된 초연결성의 특징에 대한 이해는 우리가 추구하고
자 하는 혁신의 방향을 제시해 줄 수 있기 때문에 중요하다 볼 수 있
다. 즉, 계획하고 있는 제품과 서비스에 대한 혁신에 이러한 가치들
이 얼마나 반영되어 있느냐에 따라 그 혁신의 성패를 가늠해 볼 수
있기 때문이다.

이러한 변화의 흐름은 정부도 예외가 될 수 없다. 국가에서 추구
하는 혁신의 방향이 초연결성 시대의 가치와 부합하지 않는 방향으
로 움직인다면 그 정부에서 추구하는 혁신은 성공적이지 못할 확
률이 높다. 17세기 대항해의 시대를 제패하기 위해 필요했던 기술
이 선박건조 능력, 나침반 및 항해술이었다면 초연결성의 시대를 주
도하기 위해서는 초고속 통신망을 기반으로 한 기술 혁신과 동시에
3T (투명성 Transparency, 신뢰 Trust, 전환 Transformation)로 대변되는
새로운 가치가 수반되어야 한다.

모아이 패러독스(Moai Paradox)

남태평양에 있는 폴리네이시아의 동쪽 끝에 있는 자그마한 화산섬에는 수많은 석상들이 망망대해를 바라보며 서 있다. 이스터 섬의 모아이들이 다. 섬 곳곳에 놓인 석상들은 모두 880여 개에 이르며 가장 큰 석상은 길 이만 9.8m에 달한다. 나무 한 그루 없는 이 섬에서 누가, 왜 이러한 석상 들을 만들었을까? 1955년 수백 년간 풀리지 않던 비밀이 밝혀지기 시작했 다. 학자들은 분화구 일대에서 야자나무 꽃가루를 발견하였고 최소 1억 그 루 이상의 나무가 우거진 울창한 숲이 있었음을 밝혀낸다.

당시 원주민들은 각 부족의 풍요와 안녕을 위해 모아이를 세우기 시작했고 이후에는 각 부족 간 더 크고 웅장한 모아이들을 경쟁적으로 만들기 시작했다. 모아이를 제작하고 운반하기 위해 수많은 나무가 베어 졌으며 온갖 열매와 동식물들의 터전이었던 숲은 황폐화되었고 부족 간의 갈등과 싸움도 발생한다. 이러한 혼란 속에 1600년대 마지막 모아이가 세워질 때는 마지막 나무도 베어지게 된다. 모든 생태계가 파괴된 후에 그들의 실상을 여실히 보여주는 조각들은 처참하기 짝이 없다. 그렇게 원주민들은 사라져 갔고 나무 한 그루 남지 않은 섬엔 모아이들만 남게 된 것이다.

환경변화는 인지하지 못한 채 아무런 문제의식 없이 자신이 하던 일을 반복할 때 이스터 섬의 원주민들처럼 역사속에서 사라지게 될지도 모른다. 초연결성의 시대는 새로운 가치로의 전환을 요구한다. 이러한 전환기의 새로운 방향과 가치들을 인지하지 못한 채 옛 방식대로의 생산과 경쟁을 고집하는 조직이나 개인은 커다란 도전에 직면하게 될 것이다. 지금 우리가 믿고 숭배하는 수호신들이 다음 세대들의 미래를 보장해 줄 수 없는 것들이라면 이는 얼마나 비참한 일이란 말인가!

늘 하던 대로 하면 얻던 것만 얻기 마련이다. 이전에 없던 새로운 가치를 창출하기 원한다면 새로운 방법을 고민해야 한다.

1.2.
초연결성 시대
대한민국의 도전 과제

초연결성 시대의 도래는 기존 산업에 큰 도전 과제를 던지고 있다. 초연결성 시대가 추구하는 가치는 새로운 패러다임의 전환을 예고하고 있으며 이는 직·간접적으로 대한민국이 비교우위를 점유하고 있는 산업에도 영향을 미치기 때문이다.

한국전쟁 이후 대한민국은 국민 1인당 총생산 기준으로 약 460배를 성장시킨 세계사에서 유래 없는 경이로운 발전을 이룩해 왔다. 1960년대 가발과 운동화를 만들면서 시작된 수출주도 경제 구조는, 1970년대 후반 컬러 TV 생산 등의 가전제품으로 전환되었고, 이후 1980년대에는 철강, 조선, 자동차 및 석유화학 공업으로 중심이 옮겨 갔다. 현재의 주력 수출품은 선박, 철강, 반도체, 디스플레이, 석유화학 등으로 1980년대 이후 중점을 두었던 대부분의 제조업이 현재까지 그 글로벌 경쟁력을 유지해 오고 있다.

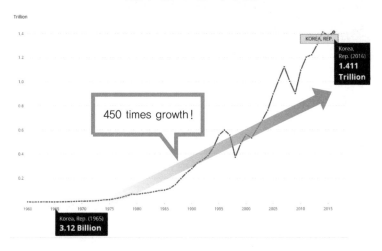

Excellent growth focusing on Industrialization
산업화 기반으로 한 초고속 성장

450 times growth!

KOREA, REP

Korea, Rep. (2016) **1.411 Trillion**

Korea, Rep. (1965) **3.12 Billion**

자료 | 세계은행

이러한 경이로운 경제 성장의 배경에는 정부 주도로 이루어진 계획 경제에 의거한 경쟁력 있는 양질의 노동력이 풍부하게 제공되고 대규모 생산 시설을 통해 이루어진 규모의 경제가 가능했다는 특징이 있다. 그러나 대부분의 주력 산업들이 모두 원자재를 수입해와서 가공하여 중간재 또는 최종 소비재를 만들어 수출하는 무역 구조를 가지고 있기 때문에 원자재 가격 변동 및 해외 경기 변동에 민감하다는 한계점도 지니고 있다. 아울러 대기업에 집중된 경제 구조 및 고질적인 부정 부패는 한국 경제의 취약점으로 지적되어 오고 있다. 특히 정치권과 연계된 특유의 정경 유착 사례들은 대한민국에 국제적으로 불명예스러운 타이틀을 안겨 줄 뿐만 아니라 초연결성 시대 혁신적인 산업 생태계를 견인하는 데도 커다란 방해 요소로 작용한다. 국제 투명성 협회에서 발표하는 자료에 따르면 2016년 한국의 투명성 지수는 52위로 OECD 국가들과는 거의 비교 불가능한 수준이며 아프리카의 모리셔스 및 르완다보다도 뒤처지는 것으로 나타난다.

2016 Rank	Country	2016 Score	2015 Score	2014 Score	2013 Score	2012 Score	Region
1	Denmark	90	91	92	91	90	Europe and Central Asia
1	New Zealand	90	88	91	91	90	Asia Pacific
3	Finland	89	90	89	89	90	Europe and Central Asia
4	Sweden	88	89	87	89	88	Europe and Central Asia
5	Switzerland	86	86	86	85	86	Europe and Central Asia
6	Norway	85	87	86	86	85	Europe and Central Asia
7	Singapore	84	85	84	86	87	Asia Pacific
8	Netherlands	83	87	83	83	84	Europe and Central Asia
9	Canada	82	83	81	81	84	Americas
10	Germany	81	81	79	78	79	Europe and Central Asia
10	Luxembourg	81	81	82	80	80	Europe and Central Asia
10	United Kingdom	81	81	78	76	74	Europe and Central Asia
13	Australia	79	79	80	81	85	Asia Pacific
47	Cyprus	55	61	63	63	66	Europe and Central Asia
47	Czech Republic	55	56	51	48	49	Europe and Central Asia
47	Malta	55	56	55	56	57	Europe and Central Asia
50	Mauritius	54	53	54	52	57	Sub Saharan Africa
50	Rwanda	54	54	49	53	53	Sub Saharan Africa
52	Korea (South)	53	56	55	55	56	Asia Pacific
53	Namibia	52	53	49	48	48	Sub Saharan Africa
54	Slovakia	51	51	50	47	46	Europe and Central Asia
55	Croatia	49	51	48	48	46	Europe and Central Asia
55	Malaysia	49	50	52	50	49	Asia Pacific

자료 | 국제 투명성 협회

뿐만 아니라 세계경제포럼(World Economic Forum)에서 발표하는 국가별 경쟁력 지수에서도 2017년 대한민국은 총 138개국 중 정부

정책의 투명성 부분에서 115위, 정치인들에 대한 대중의 신뢰도에서 96위, 기업 이사회의 효력 부분에서 109위를 차지하며 국가 경쟁력 지수 26위에 한참 못 미치는 성적을 내고 있다. 바꿔 이야기 하자면, 이러한 분야의 문제점들이 개선된다면 대한민국의 국가 경쟁력 순위는 크게 향상될 수 있음을 의미한다.

	Rank / 138	Value	Trend
🏛 1st pillar: Institutions	63	4.0	—
1.01 Property rights	42	4.9	⌄
1.02 Intellectual property protection	49	4.4	⌄
1.03 Diversion of public funds	69	3.5	—
1.04 Public trust in politicians	96	2.5	⌒
1.05 Irregular payments and bribes	52	4.5	—
1.06 Judicial independence	72	3.9	⌄
1.07 Favoritism in decisions of government officials	82	2.9	—
1.08 Wastefulness of government spending	70	3.2	—
1.09 Burden of government regulation	105	3.0	—
1.10 Efficiency of legal framework in settling disputes	50	4.0	⌣
1.11 Efficiency of legal framework in challenging regs	59	3.6	⌄
1.12 Transparency of government policymaking	115	3.5	⌄
1.13 Business costs of terrorism	81	5.0	⌄
1.14 Business costs of crime and violence	55	4.9	⌄
1.15 Organized crime	69	4.9	⌄
1.16 Reliability of police services	41	5.3	—
1.17 Ethical behavior of firms	98	3.5	—
1.18 Strength of auditing and reporting standards	62	4.7	⌄
1.19 Efficacy of corporate boards	109	4.4	—

자료 | 세계경제포럼

이는 지난 반세기 동안 성공과 성장만을 위해 무한질주 해 온 결과이기도 하다. 이러한 문제점들은 대한민국이 다음 반세기에 혁신적인 성장을 구가하기 위해서는 반드시 개선되어야 할 문제들이다. 아이러니하게도 이렇게 잠시 미루어 두었던 가치들이 지금 우리가 마주하고 있는 초연결성의 시대가 추구하고 있는 가치로 거듭나고 있다.

이 책의 공동 저자인 네덜란드 마스트릭트 경영대학 폴 이스케 (Paul Iske) 교수는 낡은 조직(Old Organization)에 혁신(Innovation)을 더 하면 값비싼 낡은 조직(Expensive Old Organization)이 될 뿐이라고 강 조한다. 즉, 혁신은 단순히 기존에 존재하지 않는 새로운 가치를 창 출해 낼 수 있는 역량뿐만이 아니라 혁신을 주관하는 조직도 혁신을 실행할 핵심적인 주체로서, 혁신의 목적과 방향을 이해하고 적극적 으로 대응해 나갈 수 있는 역량을 갖추어야 한다는 것을 의미한다. 그렇지 않으면 성과 없는 값비싼 투자만 계속하게 되는 비효율적 조 직이 되는 것이다. 지난 50년간 눈부신 초고속 성장을 이룩하고 다 음 반세기를 내다 보는 대한민국은 과연 이 말에서 어떤 메시지를 읽어내야 할까.

1.3.
초연결성 시대의
혁신에 대하여

　이 책은 초연결성 시대가 추구하는 가치와 혁신에 관한 내용을 담고 있다. 급격하게 변하고 있는 경제, 사회적 구조 속에서 창출되는 수많은 잠재적 문제 해결의 열쇠로서 혁신을 다루고자 한다. 특히, 혁신이 발현되고 창조되는 '초공간(Hyper-space)' 즉, 복잡한 문제 해결을 위해 다양한 환경과 배경을 가진 참여자들이 제공하는 지식과 창의성이 조합되는 공간에 초점을 맞춘다. 이러한 초공간은 초연결성 시대를 견인하는 초고속 인터넷 통신망이 발달함에 따라 물리적 또는 가상 공간 등으로 진화해가고 있다. 예를 들어, 내가 속한 조직의 문제를 해결하기 위해 다른 공간과 배경을 바탕으로 한 지식과 창의성과의 교류를 의미한다. 한국에서 해결할 수 있는 문제에 대한 해답은 네덜란드 암스테르담에 소재한 조직이 가지고 있을 수 있고, 네덜란드에서 해결할 수 없는 문제에 대한 해답을 이스라엘에서 찾을 수도 있다. 이러한 창의성과 지식의 교류는 앞서 이야기한 초연결성 시대가 추구하는 새로운 가치들인 3T(투명성 Transparency, 신뢰 Trust, 전환 Transformation)를 수반한다. 이러한 가치를 수반하지 않고서는 '거래비용'은 획기적으로 줄어들지 않으며 기존에 존재하는 혁신과 차별화하기 어렵다. 이 책에서 소개하고자 하는 '초융합적 혁신(Combinatoric Innovation)'은 초공간 속에서 새로운 가치창출을 위한 포괄적인 방안을 제시하고자 한다. 초융합적 혁신은 다양한 기술과 배경, 생각, 고객 그리고 관심을 가진 참여자들을 한 공간에(실질적인 공간 혹은 가상의 공간) 모아 혁신적인 방법으로 문제를 해결하고 새로운 가치 창출을 시도하는 데 초점을 맞추고 있다.

초융합적 혁신은 창조적인 융합의 과정과 새로운 시도 및 실수, 학습 그리고 재시도를 포괄하는 과정을 의미한다. 이러한 융합의 과정은 비선형적 프로세스이며 예측 불가능한 과정이기도 하다. 이 책에서는 초연결성의 시대의 새로운 가치를 기반으로 초융합적 혁신이 잘 발현될 수 있게 하는 제반 환경적 요소에 중점을 두고 이야기해 나갈 것이다.

17세기의 비가 많이 오는 황무지와 다름 없던 네덜란드에 황금시대를 열게 했던 근본적인 열쇠도 다름아닌 다양한 배경과 사상, 기술, 자본, 생각을 갖고 있던 이방인들이었다. 스페인 왕실의 종교적 탄압을 피해 건너온 당시 개신교인들은 상업활동을 통해 축적된 자본을 네덜란드로 함께 가지고 왔으며 선박 건조술, 항해술을 가진 기술자들도 함께 이주하여 역사적 번영의 시대를 열게 하였다. 비록 물리적인 공간에 국한되긴 하였으나 당시에는 획기적인 '허브(Hub)의 개념'이 도입 되었던 셈이다.

이렇게 만들어진 허브에서는 다양한 배경과 전문성을 가진 사람들이 모여들어 이전에 볼 수 없던 새로운 가치를 창출해 냈으며 해외 무역을 위해 더 큰 상선이 필요하게 되었다.

이러한 요구로 인해 세계 최초의 주식거래소가 암스테르담에서 탄생하였고 글로벌 금융 산업이 태동하는 토대가 만들어졌다. 부가 축적되면서 문화 예술도 융성하고 발전을 거듭하게 된다.

이들의 허브를 통한 세계 제패에 대한 기억은 지금도 다양한 분야에서 생생히 그 기세를 이어가고 있다. 특히 새로운 산업 생태계를 견인하기 위해 다양성과 포용의 가치를 기반으로 다양한 배경의 '글로벌 스타트업' 들이 협업을 할 수 있는 공간을 지자체(암스테르담의 B.Amsterdam)에 만들어 활성화하고 있는 것은 시사하는 바가 크다.

초연결성의 시대는 전 세계 그 어느 곳보다 초고속 인터넷망의 속도나 보급율이 높은 대한민국에 좋은 기회요인이 되고 있다. 어떻게 글로벌 혁신 기업들과 협업의 공간을 만들어 가며 새로운 산업 생태계를 만들어 갈 수 있을까에 대한 진지한 고민이 필요한 시점이다.

1.4.
이 책의
개요와 구성

　초융합적 혁신에 대한 본격적인 논의에 앞서 제2장에서는 다양한 혁신의 종류와 혁신의 프로세스에 대해 소개할 것이다. 여기에서는 단순히 혁신이 초래하는 혼란뿐만 아니라, 혁신은 새로운 제품이나 서비스를 개발 하는 것 이상의 것임을 설명하고자 한다. 다양한 문헌에서 혁신의 정의를 다루고 있지만 이 책에서는 혁신의 정의를 다음과 같이 정리한다.

　'혁신은 이전에 없던 방식으로 새로운 지식과 자원을 활용하여 가치를 창출해 내는 과정이다'.

　혁신의 정의와 함께 이 책에서 중요한 의미를 가지고 있는 혁신과 관련된 몇 가지 단어에 대해 다음과 같이 정리한다.

❶ 과정(Process): 혁신은 투입(생각, 자원, 비용), 활동(R&D, 기술 개발, 제품 출시 등), 그리고 결과물(제품, 서비스, 새로운 비즈니스 모델 등)의 유기적인 과정으로 이루어져 있다. 이러한 과정은 통상적으로 각 단계별 구별이 가능하다는 특징을 가진다.

❷ 가치 창출(Value Creation): 혁신은 단순히 '기존에 존재하지 않는 새로운 무엇'이 아닌 '새로운 가치를 창출해 주는 새로운 무엇'이어야 한다. 새로운 가치는 금전적인 보상뿐만 아니라, 행복감, 편리성, 보다 나은 사회, 깨끗해진 환경, 지식의 확산 혹은 새로운 관계 구축 등에도 적용될 수 있다.

❸ 지식의 활용과 기타 자원(Use of Knowledge and other resources): 위에서 언급한 '과정(Process)'에서 혁신은 투입된 요소가 결과물로 환원되는 과정이라 설명하였다. 투입 요소는 종종 생각이나 정보 혹은 통찰력 등을 아우른다. 즉, 이러한 요소들은 큰 범주 안에서 혁신을 위한 지식을 구성하는 부분들로 인식될 수 있다. 언급된 지식은 조직 내에서 발견될 수도 있지만 동시에 조직 밖에서 찾을 수도 있는 것이다. 때로는 이러한 지식을 다른 산업에서 찾을 수도 있다. 어느 조직에서 일하건, 조직 내에서 발견할 수 있는 지식의 양보다 조직 밖에 존재하는 지식의 양이 더 많다는 것은 자명한 사실이다(만약 당신이 수억 명 이상의 동료들이 일하는 조직에 있지 않다면 말이다).

❹ 새로운 적용 방식(New ways of application): 혁신은 항상 새로운 무언가를 의미한다. 라틴어 어원 'innovare'를 살펴 보면 혁신의 의미가 보다 명확해질 수 있는데, 이는 무엇인가를 '새롭게 하다' 혹은 '변화 시키다'로 해석된다. 하지만 모든 새로운 것들이 혁신의 범주에 들지는 않는다. 위의 ❷ 가치 창출에서 설명한 것과 같이 혁신은 반드시 '가치 창출'을 수반해야 한다.

이러한 혁신의 정의를 바탕으로 제2장에서는 다양한 종류의 혁신에 대해 보다 깊이 논의를 진행할 것이다. 동시에 혁신이 가져올 변화의 크기에 따라 혁신을 구분하는데, 혁신이 시장에서 가져올 변화 혹은 조직에서 가져올 변화 등에 대해 살펴볼 것이다. 이후에 다양한 생각과 배경을 가진 참여자들이 새로운 생태계를 만들어 가고 혁신적 가치를 창출해 내는 공간으로서의 초융합적 혁신에 대해 살펴볼 것이다.

통상적으로 우리는 무언가를 만들고 생산하고, 배우고, 회복하고, 운동하는 환경 등에 익숙해 있는 반면 초융합적 혁신을 발현하는 데 필요한 지식을 생산하고 운영하는 환경에는 익숙하지 않다.

제3장에서는 혁신과 창의성에 가장 큰 영감을 불어 넣어 줄 수 있는 '자연(Nature)'에 대해 이야기하고자 한다. 창의성과 혁신에 대한 논의를 시작으로 생태 환경을 살펴봄으로써 자연 환경으로부터 도출해 낼 수 있는 영감과 창의성에 대해 논의하고자 한다. 이 장의 마

지막 단락은 혁신이 활발하게 발현되기 위해서는 어떠한 조직의 여건들이 반드시 조성되어야 하는지 특별한 생태 환경을 살펴 보는 것으로 마무리 하고자 한다.

제4장부터 제7장까지는 초융합적 혁신의 생태계를 강화시켜 줄 수 있는 요인들에 대해 살펴 볼 예정이다. 이러한 요인에는 조직과 프로세스의 융합 그리고 다양한 문화적·사회환경적 요인들의 융합, 그리고 디지털 인프라와 물리적인 공간의 융합 등을 포함한다. 언급된 각각의 요소들이 어떻게 독자적으로 혹은 융합적인 형태로 초융합적 혁신의 생태계를 창조해 나갈 수 있는지 논의할 예정이다.

제8장은 초연결성 시대의 혁신이 가장 활발하게 일어나고 있는 분야 중의 한 곳인 금융 산업과 관련된 케이스 스터디를 다룰 예정이다. 초융합적 혁신의 사례에 비추어 가장 효과적으로 이러한 환경을 만든 경우와 또한 금융 산업 밖에서 혁신의 요인들을 찾아가는 사례들을 모아 보았다.

맺음말에서는 그동안 논의한 내용들에 대한 일련의 결론 등이 담겨 있으며, 이를 토대로 성공적인 초융합적 혁신을 이룰 수 있는 구체적인 권고사항들을 제시해 보았다.

PART 2

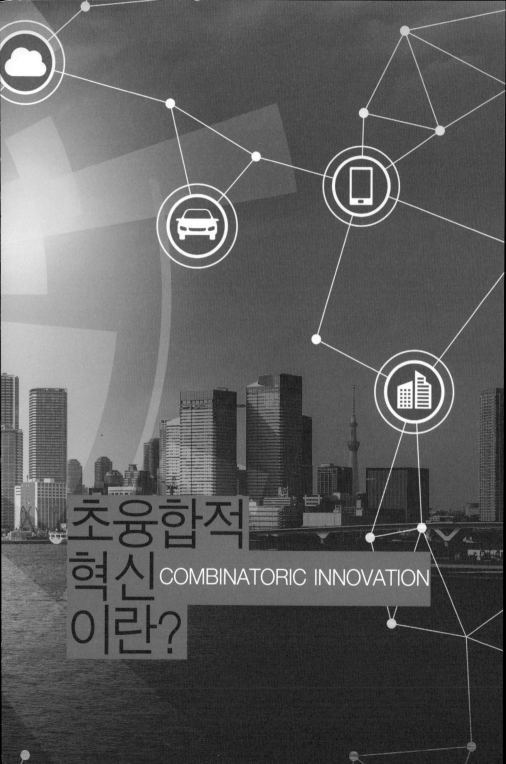

초융합적
혁신 COMBINATORIC INNOVATION
이란?

2.1.
혁신에 관하여

   이 책은 '초융합적 혁신' 또는 융합(Combination)을 통한 혁신을 다룬다. 1장에서 정의한 현상으로서의 혁신은 여러 각도에서 연구가 가능하고, 그 결과는 몇 가지로 분류할 수 있다.

   첫째, 혁신은 단순히 신제품과 서비스만을 대상으로 하지 않는다. 이해관계자 가치를 생성하는 여러 조직 안에서 또는 조직을 중심으로 새로이 실행되는 것은 모두 혁신으로 볼 수 있다. 기업의 기본 속성을 모두 담은 틀이라 할 수 있는 비즈니스 모델 캔버스(그림 1)를 살펴보자.

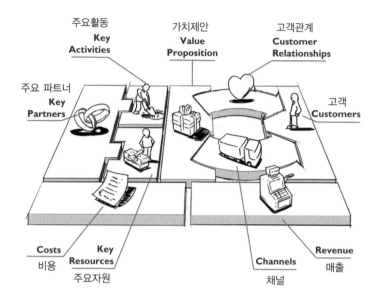

주요활동 **Key Activities**　　가치제안 **Value Proposition**　　고객관계 **Customer Relationships**

주요 파트너 **Key Partners**　　고객 **Customers**

Costs **Key** 비용 **Resources** 주요자원　　**Channels** 채널　　**Revenue** 매출

그림 1 : 비즈니스 모델 캔버스는 기업의 다양한 구성요소 또는 새로운 가치 제안을 보여준다(Osterwalder & Pigneur, 2010).

혁신은 비즈니스 모델의 구성요소 단위 또는 그러한 요소들의 조합으로 가능하다. 새로운 수익모델, 새로운 파트너십 모델, 새로운 인사관리 방식 등을 통해서도 혁신은 가능하다. 가치 제안(제품과 서비스)으로 파생된 혁신과 다르지 않다.

모듈성 혁신(Modular Innovation)과 구조성 혁신(Architectural Innovation)

둘째, 혁신을 분류하는 기준은 '혁신이 비즈니스 모델에 얼마나 파괴적 영향력을 미칠 수 있는가' 이다. 현재 상태에 얼마나 큰 충격을 주는지에 따라 혁신은 구분되어야 한다. 이런 기준으로 혁신을 분류하면 모듈성 혁신과 구조성 혁신으로 나눌 수 있다. 모듈성 혁신은 시스템 구성요소 내에서의 변화가 일어나는 현상이고, 구조성 혁

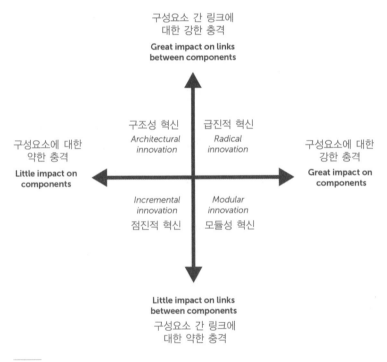

그림 2: 혁신의 유형에 관한 헨더슨 - 클라크 모델

신은 시스템 구성요소들의 관계에 변화가 일어나는 것을 의미한다 (Henderson & Clark, 1990; Baldwin & Clark, 2000).

점진적 혁신(Incremental Innovation)은 시스템 구성요소 내부, 또는 그 구성요소들 사이의 변화가 적은 반면, 급진적 혁신(Radical innovation)은 상당한 변화를 수반한다. 그림 2는 혁신의 네 가지 유형을 보여준다.

'시스템'이라고 하면 주로 조직 전체를 의미하지만, 변화라는 것은 비즈니스 모델 구성요소 차원의 현상이기도 하다. 모듈성 혁신은 구성요소들의 관계에 영향을 주지 않으면서, 구성요소의 내부 변화를 일으킨다. 새로운 형태의 스마트폰 화면이나, 은행 시스템상에 도입된 새로운 결제방식 등이 그러한 예라고 할 수 있다. 이에 반해 구조성 혁신의 사례로는 노트북 컴퓨터, 인터넷 뱅킹을 들 수 있는데 이는 고객, 채널, 서비스 제공자 등의 구성요소들의 관계를 바꾸어 버린 사례이다.

점진적 혁신과 급진적 혁신

헨더슨-클라크 모델에는 '점진적 혁신'과 '급진적 혁신'이라는 용어가 등장한다. 점진적 혁신은 순차적으로 발생하고 작은 변화가 모여서 비즈니스 모델의 일부를 만들어낸다. 이러한 혁신은 기존 제품과 서비스에 적용되는 개선 또는 조정으로 이루어지며, 이때 적용되는 기술과 구조는 동일하다. 반면 급진적 혁신으로 생겨나는 새로운 상황은 기존 비즈니스 모델과 독립적인 경우이다. 그래서 급진적 혁신은 개선 차원을 넘어서는 완전히 새로운 무언가의 탄생을 의미한다.

그림 3은 점진적 혁신과 급진적 혁신이 비즈니스 모델에 어떤 충격을 주는지 보여준다. 유형1과 유형2에 해당하는 혁신은 기존 모델의 내부에서 일어난다(기존의 영역 Terra Cognita). 품질, 마진, 속도, 고객 만족도 개선 등은 현재의 프로세스 내에서 발생하거나(유형1), 새로이 개선된 제품과 서비스를 통해 수입이 증가하는 현상이 나타난다(유형2). 이른바 신세계(Terra Nova)에서는 비즈니스 모델에 대한 근원적인 변화가 일어난다. 기타수입이 발생하거나(유형3. 제품 공급자였던 IBM이 서비스 제공자로 바뀐 경우), 완전히 새로운 수입이 나타난다(유형4). 애플의 앱스토어, 우버, 에어비앤비, 크라우드펀딩의 출현 같은 최근 현상이 유형4에 속하는 혁신이다. 펄프 제지업체였던 노키아가 GSM 표준을 개발하면서 통신회사로 전환한 사례도 이에 해당된다.

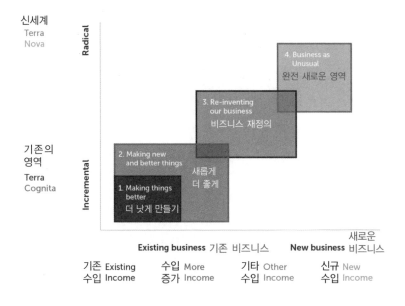

그림 3: 변화의 강도로 본 여러 혁신 유형

어떤 유형의 혁신이 가장 매력적이거나 또는 수익성이 좋다라고 말해주는 시스템은 없다. 소니는 품질개선 프로그램(예. 식스시그마)의 도움을 크게 받아 유형1에 해당한다. 혁신을 네 가지로 구분하는 것은 그 혁신이 생성되고 관리되어 온 방식에 따른 것이다. 유형1의 개선 방안으로는 업무 중 획득한 고객 의견이거나 토론의 결과로 도출되기도 한다. 유형4는 인큐베이터의 영역일 수도 있고, R&D환경과 현업 사이에서 이루어지는 협업의 영역이기도 하다. 여러 유형의 혁신은 각 리스크 특성에서 근본적 차이를 보인다. 유형4는 불확실성이 크고, 따라서 리스크를 감수할 능력과 의지가 있는 조직에만 적합하다. 리스크를 감수하기 위해서는 보통 해당 구성원들과 함께하는 의사결정 과정이 필요하다. 조직은 이른바 포트폴리오 방식을 활용하기도 한다. 즉 여러 유형의 혁신을 해당 조직이 가장 잘 관리할 수 있고, 가장 유망한 방식으로 구성하여 운영한다.

혁신의 공정(Innovation Funnel)

일반적으로, 혁신은 여러 단계로 이루어진다(그림 4). 아이디어 생성, 개념화(아이디어 전개), 개념 검증(Quick Scan), 비즈니스 케이스(개발과 실행을 위한 기획을 담은 실증적 보고서), 프로토타이핑(참여자들이 대표 이미지를 가지고 피드백을 줄 수 있는 단계까지 제품과 서비스 개발), 마지막으로 출시(시장 공개)의 순서를 거친다.

전체적으로 보면 민첩한(유연하게 적응하는) 방식으로 프로세스를 구성하는 경향이 점점 일반화되고 있고, 프로세스의 각 단계가 진행되는 동안에 특히 프로세스 단계 사이 사이의 조정이 가능해졌다. 이렇게 하자면 목표와 세부일정을 미리 정하지 않는 의사결정 방식이 필요하다. 하지만 중간 성과와 시행착오를 토대로 한 의사결정과 자원배분이 가능해야 한다. 혁신은 늘 유망한 아이디어로 시작한다. 초융합적 혁신의 특징을 정리하자면 다양한 배경을 가지고 있는 여러 참여자들이 어울려서 아이디어를 내고 아이디어를 발전시키고, 그 결과를 실행한다는 것이다. 본질적으로는 집합적 창조 프로세스이며, 아이디어를 실현하기 위한 협업이 뒤따른다.

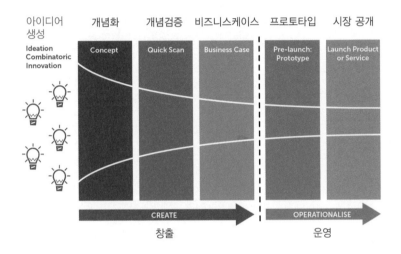

그림 4: 퍼넬 방식의 혁신 프로세스 접근법

2.2.
지적 자본의
조합과 활용

슘페터(Joseph Schumpeter, 1934)는 1930년대에 이미 새로운 조합과 혁신의 고리를 파악해냈다. 그는 '새로운 조합'의 다섯 가지 유형을 아래와 같이 정의했다.

- 새로운 제품의 생산 혹은 제품의 새로운 가치(The production of a new product or a new property of a product)
- 새로운 생산 방식의 소개(Introduction of a new production method)
- 새로운 시장 개척(Development of a new target market)
- 새로운 원자재와 반제품에 대한 확보(Access to new sources of raw materials or semi finished products)

- 독점 등을 활용한 시장 지배력의 재구성(Re-organization of market position, such as the development and exploitation of a monopoly)

슘페터에 따르면 우리가 혁신이라고 부르는 '새로운 조합'에는 생산 자원을 다르게 투입하는데, 여기에는 새로운 제품 생산 방식이 적용된다는 것이다. 그는 또한 '창조적 파괴'를 말하면서, 새로운 업무 방식과 생산 방식으로 재래식 활동방식을 밀어내 버렸다. 슘페터는 새로운 조합을 실제 적용하는 사람을 '앙트프레너(entrepreneur)'로 정의했다.

가치창출은 여전히 자원, 특히 지적 자본의 전략적 사용을 통해 주로 결정된다. 지적 자본은 인적 자본, 구조적 자본, 관계적 자본(Edvinsson & Sullivan, 1996)으로 구성되며, 여기서 지식은 중요한 생산 요소로서의 역할을 한다.

복잡성과 패러다임 전환은 대전환적 혁신에서 특히 도드라지지만, 유일하게 발견된다고는 할 수 없다. 클레이튼 크리스텐슨(Clasyton Christtensen)은 저서 《혁신가의 딜레마 The Innovator's Dilemma, 1997》에서 기존 기업들뿐만 아니라 심지어 산업 전체에 커다란 충격을 주는 파괴적 혁신에 대해 많은 사례를 들어 설명했다. 지난 수십 년 동안 거의 모든 분야에서 지식의 양과 질은 극적으로 증가하고 개선되었고, 그 결과 전문가, 지식센터, 최고 수준의 연구기관, 지식 네트워크가 다수 생겨났다. 그럼에도 불구하고 이러한 지식의 중요성은 다양한 지식이 융합되고 공동 발전하고 적용되는 기존 '메타구조'에는 제대로 반영되지 않아 온 게 사실이다. 이러한 메타구조의 부재는 자신만의 핵심 활동에만 집중하고자 하는 인간과 조직의 성향 때문이기도 하고, 문화적 차이와 언어장벽 때문일 수도 있다. 그 결과 성공적으로 새로운 융합 방식을 찾아내고 우연한 발견을 독려하고, 학제 간 인지적 여백을 탐구하는 일들이 어려워졌다. 이러한 구조는 복잡성이 특징인 세계에서는 더 이상 작동하지 않는다. 복잡성은 수많은 액터들과 액터들 사이의 상호작용으로 구성된 시스템을 특징으로 하기 때문이다.

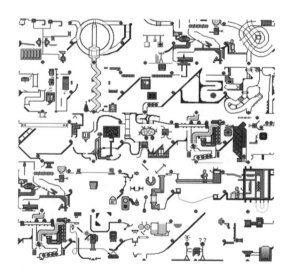

그림 5: 복잡계 스키마. 한 곳이 와해되면 다른 곳까지 예측 불가능한 영향을 남기고, 나중에는 시스템 전체로 확산된다.

이러한 시스템의 변화는 새로운 현상으로 이어진다. 즉 시스템의 변화는 제어할 수 없으며 민첩성과 학습능력 같은 기술을 요구한다. 스튜어트 카우프만(Stuart Kaufmann)의 말을 빌리자면 '혼돈의 가장자리에서 살아가야' 하는 운명에 처한 것이다. 파괴적 변화 또는 와해적 변화는 산업 내부가 아니라 외부에서 발생한다. 예를 들어보자. 택시산업은 한 택시회사가 아니라 IT 플랫폼에 의해 파괴적 변화를 경험한다. 바로 우버(Uber)의 등장이다. 에어비앤비(AirBnB)는 호텔을 단 하나도 소유하지 않으면서 새로운 숙박사업 모델을 제시했다. 은행들 역시 경쟁자들과 협력을 모색하기보다 구글이나, 핀테크 창업자들, 크라우드펀딩 플랫폼 등 기술 기업들에 주목하고 있다. 지금은 과거 IT기업들이 핸드폰을 만들어낸다. 석유회사는 지속 가능한 에너지 자원에 조금씩 활동무대를 내주고 있고, 거리 상점들은 인터넷상점과 경쟁 중이다. 다시 말해 세상은 우리가 늘 일하고 경쟁했던 한정된 환경을 극복하고 점점 넓어지고 복잡해지고 있다.

이러한 변화 속에서 근본적인 대안을 제시하기 위해서는 다양한 분야의 사상가와 전문가들이 논의에 함께 해야 하며 같이 탐구할 수 있는 장이 마련되어야 한다. 예상을 뛰어넘는 새로운 융합은 적절한 환경이 뒷받침되어야 가능하고, 완전히 새로운 유형의 지식 생산성을 견인하게 된다(Iske, 2010).

금융자본이 부족한 경우는 많지만 지적 자본은 잠재적으로 한계가 없다. 모든 사람은 실제로 사용하는 것보다 훨씬 많은 지식과 아이디어를 가지고 있다는 것은 중요한 사실이다. 우리가 일상적으로 하고 있는 활동 또는 결정만을 통해서 보유한 지식을 명확하게 드러내고 발현하기는 어려운 일이다. 폴리아니(Polyani, 1966)는 이를 두고 '암묵적 지식(tacit knowledge)' 이라는 용어를 사용했다. 그렇다면 지식을 새로운 분야에 적용하면, 더 큰 가치가 생성될 수 있다고 가정할 수 있을 것이다(Iske & Boekhoff, 2001). 아래 질문은 지식을 활용하거나 혹은 재활용하는 방식에 대한 인지적 수준을 테스트하고 강화하는 데 도움이 될 수 있다.

　"귀하는 본인이 가진 지식(인사이트, 정보, 아이디어)의 몇 퍼센트를 일상생활에 사용한다고 생각하십니까?"

　물론 이 질문에 대한 답은 개인에 따라 다르며, 지식을 계량측정하는 방식을 이해하고 하는 답변도 아닐 것이다. 하지만 그 결과를 보면 각자가 가진 지식으로 더 할 수 있는 뭔가를 과연 생각하는지 여부를 어느 정도는 가늠할 수 있다. 이 질문으로 네덜란드 사회 각계 각층을 대상으로 온라인 설문을 진행한 바 있다. 그림 6은 930명이 응답한 결과를 보여주고 있다.

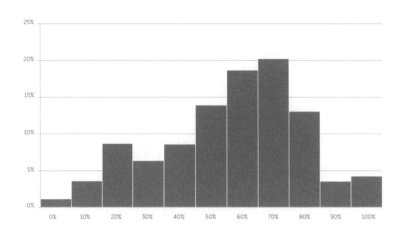

그림 6: "귀하는 본인이 가진 지식(인사이트, 정보, 아이디어)의 몇 퍼센트(x축)를
일상생활에 사용한다고 생각하십니까?" (Y축, N=930)[이스케, 2004]
(예를 들면 930명 응답자 중 20%는 일상생활에서 자신의 지식 중 79%를
사용하는 것으로 본다.)

누군가의 지적 자본이 타인의 지적 자본과 조직 안팎에서 합쳐
질 때, 새로운 형태의 가치창출이 가능하고 이전에 없던 기회가 나
타난다. 핵심은 다양한 곳에서 가져온 지식을 결합하여 새로운 방식
으로 적용한다는 것이다. 슈로위키(Surowiecki)는 그의 저서 《군중의
지혜 *The Wisdom of the Crowds*》에서 집단이 어떻게 '지식시장'을 형성
하는지 설명하였다. 이러한 집단의 분석력과 예측력은 놀라움을 자
아내기도 하는데, 다양한 경험과 관점이 건설적으로 결합한 결과이
다. 여러 사람이 모이면 지식이 상호 교류되고 공유될 수 있는 커다

란 융합의 공간이 출현하게 될 것이다. 《새로운 혁신의 시대 *The New Age of Innovation*》를 쓴 프라할라드(Prahalad)와 크리스난(Krishnan) 등 여러 전문가들은 미래의 혁신은 어떤 한 제품의 개발보다는, 새롭고 융합적인 비지니스 모델에 기반을 하는 경우가 많을 것으로 내다 보았다. 선스타인(Sunstein)도 자신의 저서 《인포토피아: 지식생산에 필요한 지성의 계량(국내 번역본 미발매 *Infotopia : How Many Minds Produce Knowledge*)》에서 지식거래 기반의 발견, 공유, 적용에 대해 논의한 바 있다.

조직이 외부 지식을 활용한다는 것은 새로운 생각이 아니다. 조직들은 이미 필요한 지식을 스스로 개발하기보다는 이런 지식을 이미 보유하고 있거나 개발할 능력이 우수한 사람을 찾는 게 훨씬 낫다는 것을 알고 있다. 바로 '개방형 혁신(Open Innovation)'을 의미한다. 이런 유형의 혁신은 보다 전통적인 '폐쇄적 혁신,' 즉 자체적으로 아이디어와 지식을 생성하고 파는 형태의 반대편에 자리하고 있다. 헨리 체스브로(Henry Chesbrough)에 의하면, '개방형 혁신, 새로운 패러다임을 찾아서(Open Innovation, Researching a New Paradigm)'에서 다음과 같이 언급했다. "개방형 혁신은 지식을 내·외적으로 활용하여 내부혁신을 가속화하고, 시장 확대를 위해 혁신을 외부적으로 활용하는 것으로 정의하였다. 이 패러다임은 기업들이 기술 진보를 기대하면서 외부 아이디어뿐만 아니라 내부 아이디어, 시장까지 도달하는 내·외부 경로를 모두 사용할 수 있고 사용해야 한다는 전제를 가지고 있다."

개방형 혁신의 조직은 필수적으로 자체 지식을 활용할 수 있어야 하고, 관련 지식을 어디에서나 찾고 적용할 능력이 있어야 한다. 이는 여러 추가적인 기술들이 개발되어야 한다는 의미인데 i) 조직 외부에서 지식을 탐색할 수 있는 역량, ii) 그렇게 탐색된 지식을 평가할 수 있는 역량, iii) 외부 지식과 기존 지식을 통합할 수 있는 역량 등이 필요하다. 동시에 그렇게 습득되고 확보된 지식을 외부와 연결할 수 있는 역량과 그러한 연결조합의 성과를 성공적으로 상업화할 수 있는 역량도 필요하다. '큰 파이의 작은 조각은 작은 파이의 큰 조각보다 낫다'라는 말처럼, 조직은 외부지식에 대한 최소한의 이해를 반드시 갖추어야 하며 그를 통해 얻어지는 성공을 공유할 수 있어야 한다.

다시 말해, 다른 역량과 결합되는 기존 지식은, 이러한 새로운 형태의 지식을 관리하고 적용하는 '지식의 인터페이스 관리'로 정의될 수도 있을 것이다(그림 7).

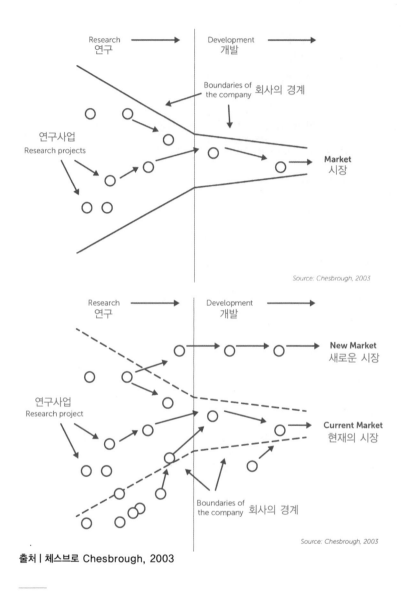

출처 | 체스브로 Chesbrough, 2003

그림 7: 개방혁신으로 조직의 일부 경계는 보이지 않게 된다.

52

다양한 종류의 파트너들과의 협업은 혁신과 협력(이중순환학습)을 학습할 수 있는 능력을 배양시키고, 혁신 역량에 미치는 얼라이언스(R&D)의 효과를 증대시킨다. 반 비어스와 잔드(Van Beers & Zand, 2014)가 이 관계를 잘 입증한 바 있다. 하지만 수익은 파트너의 수가 늘어난다고 해서 무한정 증가하지 않는다. 때가 되면 수확체감의 법칙이 적용된다는 것이 디즈와 힐(Deeds & Hill, 1996), 고어젠과 비미쉬(Goerzen & Beamish, 2005)의 주장이다. 그런데 이 말은 한 조직이 혁신역량에 미치는 영향을 극대화할 목적으로 협력할 때 참여하는 파트너의 수와 다양성에 혁신의 효과를 극대화할 수 있는 지점이 있을 수 있음을 시사한다. 그 숫자는 가용자원, 지식, 시장에서의 포지셔닝 등 조직 특성요소에 따라 다르다. 이러한 관계는 면밀하게 들여다 볼 가치가 있으므로 이 책에서는 혁신에 도움이 되는 환경을 다룰 때 살펴보고자 한다.

지식 전문가들의 파트너십에 유사한 논리가 적용되고 있다. 오늘날 전문가들은 혼자서 일하지도 않고, 같은 분야 출신 전문가들끼리만 일하는 것도 아니다. 타 분야, 타 부서, 심지어 타 조직 출신들과 일하는 사례가 점점 늘고 있다. 이러한 크로스오버는 새로운 지식의 집단적 창출로 이어지며 혁신의 밑거름이 된다. 하지만 이러한 방식의 협업과 역동적인 지식 창출, 다양성의 힘 역시 문제를 일으키기도 하고, 최적에 미치지 못하는 성과를 나타내기도 한다. 기텔(Gittel

, 2000)의 '관계조정론(Theory of Relational Coordination)'에 따르면 조직 프로세스의 관계 역학에 주목해야 한다. 관계조정이란 커뮤니케이션과 관계 사이에서 벌어지는 상호관계 강화 프로세스로, 집단과 제를 수행할 때 나타난다. 관계조정은 인간관계를 기반으로 한 연결에 대한 것은 아니다. 역할과 역할 사이의 관계와 협업에 참여하는 전문가들의 지식에 기반을 둔 연결에 대한 것이다. 다수 또는 매우 다양한 사람과의 협업을 수행하려면 전문가는 자신만의 전문영역이 있어야 할 뿐만 아니라 학제 간 협업의 역학관계 내에서도 최적의 성과를 낼 수 있는 기술을 발달시켜야 한다.

개방형 혁신이 성공하기 위해서는 조직이든 전문가든 함께 일할 수 있는 기술을 보유해야 한다. 이는 매우 중요한 요소다. 이러한 기술들은 흡수역량 또는 "조직이 새로운 지식-가치를 인식하고, 동화하고, 상업적으로 적용할 수 있는 역량"으로 이어져야 한다(Cohen & Levinthal, 1990). 물론 이 흡수역량은 비영리 조직의 혁신 과정에서도 중요하다.

개방형 혁신의 사례는 어디에나 있다. 비즈니스 세계는 지식 연구소와 협업하고(셸 같은 회사는 이를 사외연구라고 한다), 대기업은 소규모 특화 기업들(제약회사는 바이오테크 특성 기업과 협업한다)과 손을 잡는다. 어떤 회사는 혁신을 위해 공급사와 파트너의 지식을 사용한다. 금융업계 역시 주기적으로, 예전보다 자주 개방형 혁신에 참여한다. 심지어 경쟁사와도 손을 잡는다. 네덜란드 결제서비스 아이딜

iDeal이 개발되었을 당시 대형 은행은 모든 고객에 적용할 수 있는 표준 개발을 위해 기꺼이 협업에 참여했다. 실제로 산업표준 개발은 종종 개방형 혁신 프로세스를 따른다. 경쟁역량은 시장참여자들이 제품개발과 서비스에 해당 표준을 사용하는 방식에 의해 결정된다. 여러 다른 형태의 개방형 혁신이 회사 간, 개인 간에 존재한다. 이는 보통 공동창조 또는 크라우드펀딩을 의미한다.

위에서 설명했듯이 조직은 개방형 혁신을 거쳐 특정한 지식을 도입하여 이미 파악된 문제를 해결하는 데 적용하려고 한다. 따라서 개방형 혁신은 "총체적으로 답을 찾는 문제"이기도 하다.

거꾸로 답을 통해 문제를 찾을 수도 있다. 이 경우, 문제나 기회를 보는 것이 아니라, 기존 지식, 목표, 네트워크를 살펴봄으로써 이러한 자원들로 어떤 융합이 가능한지 찾는다. 그렇다면 출발점은 문제가 아니라 질문이 되어야 한다. "어떻게 지식을 조합하고 적용하여 더 많은 가치를 창출할 것인가?" 아니면 "우리가 함께 할 수 있는 일은 무엇일까?"라는 질문들로, 과거의 개방형 혁신 형태에 추가되는 부분이다.

기업가는 자원(조합)을 활용할 기회를 찾고, 그 기회를 실현하는 방향으로 사고한다. 사라스바티(Sarasvathy, 2001)가 말한 '유효성(Effectuation)'이기도 하다. 사라스바티는 불확실성의 시대에 기업가들의 의사결정 과정을 연구했던 인물이다. 그는 예측가능성을 근거로 의사결정을 하는 상황에서 유효성과 인과성을 대조했다. 이는 혁신을 연구하는 과정에서는 결코 적용될 수 없는 방식이기는 하다.

개방형 혁신으로 가는 두 가지 접근법은 '새로운 조합'이라는 특징이 있다. 그래서 초융합적 '혁신은 혁신적 가치 창출을 목적으로 새로운 조합을 활용하고자 하는 총체적 활동'으로 정의가 가능하다.

초융합적 혁신은 과거에는 전혀 연관성이 없었던 지적 자본을 결합하고 활용하여 새로운 형태로 가치가 창출되는 과정이다.

우리는 기존의 문제를 해결할 수 있는 조합을 탐색하는 개방형 혁신 과정을 초융합적 혁신유형1로 정의한다. 구성요소에서 시작하여 잠재력을 가진 가치창출을 탐색하는 혁신 과정을 초융합적 혁신유형 2로 정의한다. 이 두 가지 유형의 초융합적 혁신을 떠받치는 기본 메커니즘은 구성 공간이 확장된 형태로 여기서 개념, 문제, 해답의 새로운 카테고리를 파악하고, 명확하게 설명하고, 탐구하고, 이해하는 활동이 벌어진다.

'장님 코끼리 만지기'라는 인도 우화가 여기에 잘 들어맞을 것 같다. 우화는 시각장애인이 코끼리를 만져보고 설명하는 이야기다(그림 8). 시각장애인들에게 코끼리를 만져보라고 한 다음 코끼리에 대해 설명해보라고 하자 모두 다른 대답을 했다. 벽(배)같다, 밧줄(꼬리)같다, 뱀(상아)같다는 등 여러 대답이 나왔다. 물론 그 누구도 코끼리의 진짜 이미지를 떠올리지 못했다. 코끼리가 '떠오르는 현상'화되는 때는 오직 이들의 의견을 조합했을 때뿐이다. 초융합적 혁신처럼 아이디어, 지식, 네트워크를 조합했을 때 뱀이 코끼리의 일부일 수가 없었듯이 각각의 환경에서는 가능하지도 존재하지도 않았던 새로운 가능성이 열린다. 따라서 복잡한 환경에 존재하는 새로운 명제와 개념들은 떠오르는 현상으로 볼 수 있다. 여기서 초융합적 혁신은 그 현상을 발생시키는 메커니즘이 된다.

그림 8: 장님 코끼리 만지기

초융합적 혁신과 관련은 있지만 근본적으로 다른 혁신은 모듈성 혁신(컴비네이토리얼 혁신 as combinatorial innovation 이라고도 한다)이다. 다운스와 누네스(Downes & Nunes, 2014)는 저서 《빅뱅파괴 *Big Bang Disruption*》에서 여러 혁신의 조합으로 파괴의 근간이 어떻게 마련되는지 설명한다. NHS(2015)의 제안요구서에서의 모듈성 혁신에 대한 정의는 다음과 같았다. "모듈성 혁신은 단독으로 사용하는 훌륭한 약품 하나, 기술 하나가 아니라 같이 적용할 수 있는 여러 가지 혁신을 설명하기 위한 개념이다. 이 개념은 다수의 기술 결합, 또는 그 이상을 지향하며, 여러 다양한 유형의 혁신 조합을 의미한다. 예를 들면, 기술, 인력, 새로운 환자 돌봄 방식, 디지털 채널을 통한 서비스 제공 등 이 모두는 실질적 가치 개선 확보에 필요하다."

다시 말해, 모듈성 혁신이란 여러 혁신을 합치는 것이고, 초융합적 혁신은 지식과 네트워크(지적 자본)를 해답을 찾는 공간으로 결집하여, 이 공간에서 하나의 혁신을 파악해 내고 실현시키는 과정이다.

혁신이 각 하부 공간 내에 따로 따로 존재할 필요는 없다. 모듈성 혁신을 초융합적 혁신의 부분집합으로 보아도 무방하다.

2.3.

초융합적
혁신 환경

큰 틀에서 본다면 성공하는 혁신의 역학관계는 얼마나 이해관계자들을 성공적으로 관리하느냐에 달려 있다고 볼 수 있을 것이다. 혁신을 위한 성공적인 협업이 이루어지려면, 조직 간에 문화적, 전략적 그리고 운영상의 이해관계가 맞아 떨어져야 한다는 연구결과가 있다.

그림 9는 이 세 가지 항목들의 역학 관계를 잘 보여준다.

출처: 웨렌 컴퍼니, 앤더슨 컨설팅 얼라이언스 파트너

그림 9: 파트너십 성공 조건

협업을 위한 파트너십이 실패하는 원인을 밝힌 연구들도 있는데 대부분의 실패 원인들은 오른쪽 표와 같이 정리할 수 있다.

혁신과 협업은 강제할 수 없다. 초융합적 혁신도 마찬가지다. 초융합적 혁신을 활성화할 수 있는 배경을 잘 설명하기 위해서 혁신의 공간·환경에 대해 좀 더 세부적으로 탐색해 보고자 한다.

아메리칸 헤리지티 과학사전(American Heritageⓒ Science Dictionary)은 환경을 다음과 같이 정의한다.

프라이스워터하우스쿠퍼스, 주요 파트너사 설문, 2003

8가지 실패 원인	연구 결과
1. 고위 경영진 교체	• 전체 파트너십의 50%는 전혀 기대수준에 못 미침
2. 실적 부진/실패	• 파트너의 통제가 미치지 않았기 때문에 실패한 경우
3. 사업환경 변화	는 13%에 불과하다고 느낌
4. 문화적 차이	• 1999년 이후 더 분명해진 요인들이 있음
5. 파트너십에 대한 의지 약화	
6. 우선순위 변동	• 간부급 경영진 교체
7. 부실한 파트너십 리더십	• 급격한 환경변화
8. 부실한 의사 소통	• M&A로 우선순위 변동

출처 : 웨렌 컴퍼니, 앤더슨 컨설팅 얼라이언스 파트너

환경

　유기물, 개체집단 또는 생태군에 작용하고 그 생존과 발전에 영향력이 있는 생물학적, 비생물학적 요인을 총체적으로 일컫는다. 생물학적 요인은 유기물, 유기물의 먹이와 이들의 상호작용을 포함한다. 비생물학적 요인은 햇빛, 토양, 공기, 물, 기후, 오염을 포함한다. 유기물은 자신의 환경변화에 형태 및 행동을 진화 적응하면서 반응한다.

우리는 사람과 조직의 행동에 영향을 미치는 환경 상호작용이 혁신을 위한 공간의 주요 대상으로 전제하며, 이러한 상호작용은 아래와 같이 네 가지 공간으로 구분될 수 있다(그림 10).

- 사회·문화적 공간: 비형식적인 관계, 문화적 측면, 네트워크, 행동 기준 등이 이에 속한다.
- 프로세스·조직 공간: 공식적인 관계가 발생하고, 활동과 프로세스, 시스템이 구성되는 공간이다.
- 가상·디지털 공간: ICT 기반 시스템으로 구성되며 커뮤니케이션 자원, 사회관계망, 업무흐름체계, 거래체계, 모바일 인프라구조가 이에 속한다.
- 물리적·실제 공간: 인간의 오감, 즉, 시각, 후각, 청각, 미각, 촉각이 직접 작동하는 공간을 의미한다.

사회·문화적 공간   프로세스·조직 공간

가상·디지털 공간   물리적·실제 공간

그림 10: 혁신의 환경을 구성하는 네 가지 공간

앞으로 우리는 3장에서부터 6장을 통해 이러한 공간을 보다 구체적으로 논의할 예정이다. 이 네 가지 공간이 균형 잡힌 유기적 관계를 통해 발전해야 하는 것이 중요하다. 동시에 이 공간들 중 한 곳이라도 충분한 투자가 이루어지지 않는다면 다른 나머지 공간도 효율적으로 활용되지 못한다.

온라인 트레이더의 감정 거울, 레이셔널라이저를 아시나요?

에이비엔 암로(ABN AMRO)와 필립스는 온라인 투자자를 위한 탐색적 디자인 개념인 레이셔널라이저(Rationalizer) 개발을 위해 손잡았다. 레이셔널라이저는 '감정의 거울' 기능을 한다. 사용자에게 스스로의 감정 상태를 시각적으로 보여준다.

이 기계를 사용하면 재무관련 결정을 내릴 때 사용자는 감정적 결정을 내리기보다는 이성적 결정을 내리는 데 도움이 된다. 두려움과 욕망은 투자의 함정이다. 이러한 감정 때문에 사실에 기반한 객관적 의사결정이 곤란한 경우가 있다. 레이셔널라이저는 사용자가 한 템포 쉬어가야 할 때, 여유를 가져야 할 때, 신중하게 행동할 때를 포착하여 경고한다.

이 시스템은 두 가지로 구성되어 있는데(그림 11), 팔찌 형태의 에모브레이슬릿(EmoBracelet)과 에모볼(Emobowl)이다. 팔찌는 피부전기반응 센서를 통해 사용자의 감정적 흥분수준을 측정한다. 측정값은 에모브레이슬릿 또는 에모볼상에 다양한 패턴의 빛으로 전환된다. 감정이 격할수록, 빛의 변화 패턴도 격해진다. 빛의 양이 증가하면서 빠르게 깜빡이며, 색깔도 연노랑에서 오렌지, 진한 빨강으로 변한다.

그림 11: 레이셔널라이저 시스템: 센서가 달린 팔찌와 '에모볼'로 구성되며 사용자의 감정이 격해지면 빨간색으로 변한다.

이것은 서로 다른 부문에서 활동하던 두 회사가 각각의 지적 자본을 제공한 초융합적 혁신의 좋은 사례라고 할 수 있다. 필립스는 감정 인지기술과 설계 지식을 제공했고, 은행은 온라인 트레이딩과 투자자 행동에 관한 지식을 제공한 사례다.

PART 3

창의성과
자연으로부터의
영감

3.1.
초융합적 혁신과 창의성

혁신은 가치를 창출하는 새로운 방식을 찾아내고 실현하는 과정이다. 이는 조직 안팎의 패턴이 반드시 바뀌어야 한다는 것을 의미한다. 다음과 같은 비유는 어떨까? 강물은 수백만 년에 걸쳐 땅에 패턴을 새긴다. 그 결과 그림 12와 같은 협곡이 생긴다. 비록 이렇게 만들어진 광경은 아주 가치 있는 현상이기는 하나 협곡은 강의 관점을 벗어나지 못한다는 한계 또한 간과해서는 안 된다.

즉, 강은 스스로 창조한 패턴에 갇혀있다는 사실이다. 수백 년 동안 만들어진 협곡은 바다로 물을 보내는 데는 효과적인 방식일지 모르나, 협곡 바깥에서 일어나는 모든 일을 이 강과 강에 서식하고 있는 존재들로서는 알 길이 없다. 강은 그 주변도 인식하지 못할 것이

다. 아마 바다로 가는 더 좋은 지름길이 있다는 것도 알지 못할 것
이다.

그림 12: 미국 유타주 캐년랜드 전망. 그린강과 콜로라도강이 깊은 협곡을 새겼다. (사진제
공: Paul Louis Iske)

강이 스스로 만든 협곡에 갇혀버리는 것과 같이 조직 역시 일상,
프로토콜, 절차 등에 쉽게 갇힌다. 익숙해진 패턴은 조직의 효율성
에 기여하는 바도 있지만 혁신을 저해하는 원인이기도 하다. 사람도
마찬가지다. 우리의 뇌에 새겨진 패턴은 우리에게 편리함을 주지만
동시에 부담이 되기도 한다. 기술을 학습하려면 대개 많은 연습이
필요한데 반복적인 학습은 우리 뇌에 패턴을 저장하게 되고 이는 효
과적이고 효율적인 방식으로 '자전거 타기'와 같은 일들을 수행하게
한다. 하지만 자전거 핸들의 방향이 바뀌거나, 브레이크의 방식이

바뀌는 경우처럼 똑같은 행위를 다른 방식으로 수행하기는 매우 어렵게 만든다. 지금까지 익숙했고, 성공적이었던 방식을 따르고자 하는 성향 때문이다.

강에 비유했던 이야기는 때론 '평행 우주론'의 패턴 이야기와 함께 설명될 수 있다. 우리가 익숙한 세계에 존재하는 패턴과는 완전히 다른 방식으로, 또는 그런 패턴들의 조합을 통해 보다 나은 새로운 행동양식을 지향하면서 패턴이 발전한다고 한다. 이러한 평행 우주는 우리가 속한 조직, 분야, 국가, 세대 너머로 시야를 넓히면 놀라울 정도로 쉽게 찾을 수도 있다. 이것은 인간 지성의 속성이기도 하다. 즉 인간의 지성은 뉴런 개수에 한정되지 않고 신경망을 구성하는 뉴런들의 연결 고리들에 의해 정해진다(그림 13).

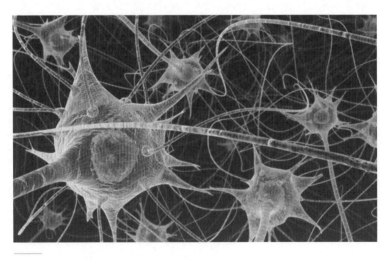

그림 13: 뇌 신경망 (출처: 베네딕트 캠벨, 웰컴 이미지)

이제 에드워드 드 보노와 조지 랜드(Edward de Bono and George Land)의 연구를 바탕으로, 창의성이라는 현상을 조금 더 깊게 살펴 보기로 하자.

다중 패러다임 방식으로 사고하는 능력

달리 말하면, 창의성은 생각하고 일하는 패턴을 가능한 많이 만들어 내는 것이다. 드 보노는 '예측을 뛰어 넘는 실행(Provocative Operation)'을 뜻하는 PO에 대해 설명한다. 때로는 불가능하거나, 허용되지 않는 혹은 바람직하지 않은 현상에 대한 탐구가 현재 존재하고 있는 바람직한 현실 세계에 의미 있는 아이디어를 제공할 수 있다는 주장이다. 이와 관련하여 '수평적 사고'라는 사고 기법도 활용할 수 있는데, 특정 맥락에서 특화된 지식과 아이디어를 가지고 다른 환경에 사용하는 것이다. 결국 새로운 조합이 생성된다. 다음에 나오는 3.2. 생체모방(Biomimicry)의 사례가 대표적인 예라고 할 수 있다.

조지 랜드(George Land)는 확산적 사고능력(Divergent thinking ability)에 대하여 방대한 연구(응답자 백만 명 이상)를 실시했다. 그는 미 항공우주국 엔지니어용 창의성 테스트를 토대로 만든 문제 1개를 시험 대상자들(성인과 어린이들)에게 제시하고, 이들의 답을 관찰했다. 그는 100개 이상의 답을 낼 수 있었던 사람을 '창의력 천재'로 구분했다. 그 결과는 매우 흥미로웠다. 창의력 천재는 연령이 높아질수록 현저히 줄어들었던 것이다.

- 5세 이상: 98 퍼센트가 창의력 천재
- 10세 이상: 30 퍼센트가 창의력 천재
- 15세 이상: 12퍼센트가 창의력 천재
- 44세 이상: 2퍼센트가 창의력 천재

창의력 천재의 비중이 최저로 떨어지는 연령이 44세였다. 랜드는 44세를 '치명적인 창의력 마비(Terminal Seriousness)' 상태가 발생하는 시기로 규정했다.

그림 14는 창의적인 사람들의 수와 나이의 함수관계를 보여준다. 어린 아이들은 창의력 지수가 매우 높게 나타나지만 네 살 이후 몇 년 동안 현저하게 감소한다. 조지 랜드는 학교에서 문제 해결방식 위주의 학습을 하기 때문이라고 설명했다('협곡'에 갇히는 상태). 학교에서 학습하는 동안은 항상 해답이 있는 문제에 대해 교육을 받는다. 그것도 하나의 정답이 있는 경우가 대부분이다. 켄 로빈스 경(Sir. Ken Robinson)도 '학교는 창의성을 죽인다'라는 제목의 테드(TED) 강연을 통해 학교와 창의성의 부정적 관계를 설명했다. 흥미롭게도 창의성은 사람이 규칙과 절차의 구속에서 자유로워지는 퇴직연령을 지나면서 조금씩 증가하기 시작한다.

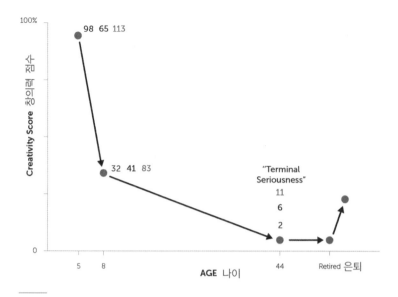

그림 14: 창의력 인재의 수와 나이의 함수 (출처: 랜드 & 베쓰, 1992)

그림 14의 파란색 숫자는 하루 동안 얼마나 중요한 질문을 하는가
의 횟수를 보여 준다. 즉, '왜 우리는 이러한 일을 이렇게 해야 하지
요?', '당신의 의견은 무엇인가요?', '우리가 함께 할 수 있는 일은 무
엇일까요?', '만약에 이러한 일들이 생긴다면?'과 같이 의사를 묻는
유의미한 질문들을 포함한다. '지금 몇 시 인가요?' 같은 질문은 포
함하지 않는다. 이 숫자는 창의성과 직접 관련되어 있다. 이러한 유
형의 질문과 이에 대한 대답은 새로운 사고패턴으로 이어지기 때문
이다. 앞에서 언급한 수평적 사고(새로운 조합을 만들어 내는) 역시 창
의적인 문제해결 방식을 찾아가는 메커니즘이다.

새롭고, 때로는 예상을 뛰어 넘는 조합의 원천이 되는 프로세스가 하나 더 있는데 바로 유머다. 기발한 한마디가 튀어나오는 순간은 바로 누군가가 논리적이지도 않고, 불가능하거나 예상 밖의 조합과 갑자기 마주치고, 웃음이 터지는 순간이 있지 않은가?

여러 연구를 보면 성인은 하루 평균 많아 봐야 10~15번 웃는다고 한다. 하루 동안에 하는 질문의 횟수와 웃는 횟수가 창의성의 지표와 같은 패턴을 보인다는 사실은 놀랍기만 하다.

초융합적 혁신 환경을 추구한다는 것은 창의력 지표를 올리는 활동들을 찾는 것과 같다. 실제로 '우리가 무엇을 같이 할 수 있을까요?'라고 묻는 것은 초융합적 혁신의 핵심적인 질문이다. 이와 함께 초융합적 혁신의 중요한 다음 항목으로는 새로운 아이디어와 심지어는 우리가 인지하지 못하고 있는 아이디어나 지식에 대해 열려 있는 자세를 갖는 것이다. 마치 위에서 설명한 유머의 사례처럼 말이다.

초융합적 혁신의 두 번째 유형은(유형2) 지식 공간의 조합을 통해 새로운 가치를 창출하는 과정이다. 이 과정에는 우연한 발견(Serendipity)과 시행착오를 거친 결과가 중요한 역할을 한다. 이 방식은 체계적 창의사고(Systematic Inventive Thinking, SIT)라는 방식과 어느 정도 비교할 수 있다. SIT는 기존 시스템을 수정하여 다양한 원칙들에 따라 반제품(Semi-finished products)을 생산하고, 궁극적으로는 이렇게 생산된 반제품이 어떠한 용도로 사용될 수 있을지 질문을 던진다. 이러한 과정을 통해 생산된 반제품의 활용 범위가 결정되고, 이는 새로운 솔루션을 구축하는 출발점이 된다. SIT 접근 방식은 통상 겐리히 알츠슐러(Gernrich Altchuller)가 창의문제를 해결하기 위해 고안한 '체계적 창의' 방법론, TRIZ 방식의 간소화된 프로세스로 인식된다.

SIT에는 다음과 같은 원칙이 순차적으로 적용된다.

i) 제거(수분을 빼버린 건조식품 또는 키보드를 빼버린 컴퓨터인 아이폰과 같이 반제품을 만들기 위해 시스템에서 필수요소를 제거)

ii) 증폭(같은 요소를 다른 기능으로 반복 사용한다. 예들 들면 스페어 타이어 또는 여러 개의 면도날이 있는 면도기의 반복적 적용을 의미)

iii) 분리(리모컨 또는 원격감시 카메라처럼 시스템을 여러 하부 시스템으로 구분 하는 과정)

iv) 속성 의존(어두워지면 켜지는 야간조명 또는 햇빛이 비치면 색이 어두워지는 안경과 같이 외부 요인에 의존하는 시스템)

v) 결합을 통한 재탄생(여러 앱이 깔린 스마트폰 또는 트럭 광고와 같이 시스템에 추가기능을 도입)

그림 15: 결합을 통한 재탄생의 예(bron: http://hiperlinktransports.com/advertising-statistics/)

　초융합적 혁신의 실제는 SIT의 마지막 단계인 '결합을 통한 재탄생(Connective renewal)' 이라고 할 수 있다. 이러한 접근 방법은 파트너, 다른 분야에 속한 조직, 기존 기술, 다른 나라, 친구 등 주변의 존재를 포함시켜 기존 문제에 대한 해답을 찾거나(초융합적 혁신 유형1), "우리가 새로운 가치 창출을 위해 무엇을 함께 할 수 있을까?"라고 질문을 던지는 것(초융합적 혁신 유형2)으로 구성된다.

　한 분야에서 그 경계를 넘어 다른 분야의 새로운 모델로 완벽하게 전환된 다양한 사례들이 있다. 음악산업의 예를 살펴보자. 노래 한

곡을 제대로 복제하려면 시간당 700MB 정도의 용량이 필요하다. 메가바이트당 크기가 충분히 낮아져 상당한 양의 음원 휴대가 실제로 가능해지자, 휴대용 음원 산업이 날개를 달았다. 소니 워크맨을 시작으로 최근에는 애플의 아이팟과 아이튠즈가 나왔다.

부수적으로, 이러한 음원 산업의 기술 발달은 음원을 구입하는 데 드는 거래 비용을 최대한 줄이는 것에도 노력이 집중되어야 했다. 음원 구입 자체는 통상 소액 거래이기 때문에 많은 거래 비용은 거래 자체를 어렵게 할 수도 있기 때문이다.

다른 사례도 있다. 휴가기간이 비행에만 소진되지 않도록 이동시간을 줄이기 위해 이동속도는 임계점을 극복해야 했다. 10,000킬로미터에 육박하는 대륙 간 이동을 평균적으로 하루 안에 해내려면 항공기는 시속 500킬로미터로 날아야 한다. 이 어마어마한 속도는 민간 항공 산업의 발전으로 가능해졌다. 유럽 내 이동(대략 2,500킬로미터)은 자동차가 됐든, 기차가 됐든 약 시속 100킬로미터 속도가 가능해지면서 매력적이 되었다. 비로소 대중적 해외여행이 가능하게 한 사건들이다.

이 모든 경우에서 보듯, 중요한 변화는 임계값(크기/메가바이트, 비용/거래, 이동시간/휴가기간 등)을 극복하고 한 단계 업그레이드된 새로운 상황을 만들어냈다. 이러한 전환은 자연에서도 찾아볼 수 있다. 즉 자연에는 어떤 기준의 임계값을 극복하는 현상이 존재한다.

대표적인 예가 빙하가 녹거나 물이 증발하는 현상이다. 기온 상승으로 운동에너지가 결합에너지보다 커지고, 고정상태에서 분자가 떨어져 나가거나(용융) 또는 서로의 영향권에서 빠져나가는 현상을 볼 수 있다(증발).

우리가 속한 환경의 현상과 다른 환경의 현상의 관계를 살펴보면 한 곳에서 일어난 변화가 시스템의 상태전환으로 이어짐을 예측할 수 있다. 이러한 변화는 본질적으로 외부환경의 큰 변화가 실제로 발생하기 전에 설명할 수 있다. 어떤 상황에서는 여러 상태가 공존하기도 하는데 여기에는 과거와 새로운 방식들이 섞여 존재하는 것을 의미한다. 이는 전환기 시스템의 특징이며, 기존의 구조가 존재하는 와중에 새로운 현상이 발현하는 과정으로 볼 수 있다.

이러한 전환기의 상황은 통상 혼란스럽고 불확실성이 크기 마련이다. 특히 변화가 외부원인으로 발생하는 경우는 더욱 그러하다. 때로는 기존 모델이 여전히 유효해 보이지만, 기존 모델의 해체 과정은 사실상 멈출 수 없다. 변화 속에서 대응이 적절히 이루어져 새로운 모델로의 전환이 이루어지지 않고 기존 모델에 안주한다면, '죽었지만 아직 죽지 않은 존재', 즉 '좀비 조직'이 된다.

변화는 녹아 내리는 빙하와 물의 증발에 비유하면 적절한 설명이 가능하다. 빙하처럼 과거 조직구조는 견고했다. 계층구조는 고체에 비유할 수 있는데 분자는 고정되어 있다. 그 이후 조직은 조금 '유연'

그림 16: 아이슬란드의 빙하, 물, 증기의 공존

해진다. 지식과 전문가들이 조직과 조직 사이를 '흘러'다닌다. 이제 조직과의 관계는 격식이 덜하고 더 자유로워지는 지점에 이르렀다. 사람이 더 많은 '에너지'를 갖게 되고(기업가 정신, 전문지식이 가져다준 기회들), 전통적인 조직구조에서 벗어날 수 있게 된다. 사람과 조직은 클라우드(우연히도 이 맥락에 딱 들어맞는 용어다)에서 함께 일한다. 이런 변화는 거래비용의 감소 때문에 발생한 면이 있다. 낮아진 비용 때문에 재래식 구조를 가진 조직은 효율성을 높여주던 업무방식을 유지할 수 없다. 19세기 프레데릭 테일러(Frederick Taylor)가 제시한 이 업무방식은 교체될 운명에 놓여 있다. 거래비용 감소로 새로운 비즈니스 모델이 속출하고 공유경제 또는 협업경제가 다양한 형태로 나타났다. 금융, 사회, 지식거래 비용이 급감함에 따라 이베이, 크라우드펀딩 사이트뿐만 아니라 우버, 에어비앤비가 그 혜택을 누리고 있다.

상태 전환기에 어떤 일이 발생할지 알아야 할 뿐만 아니라, 변화의 속도가 얼마나 빠를지도 알아야 한다. 어떤 변화의 속도는 관련 파라미터의 변화 속도로 결정된다. 유명한 '무어의 법칙'을 살펴보자. 인텔 창업자 고든 무어(Gordeon Moore)는 1965년 '전산력은 2년에 두 배씩 증가한다'라고 예측했다(초기에는 매년 두 배씩 증가한다고 말했다). (그림 17)

무어의 법칙은 꽤 유효하다. 전산 속도가 무어의 예측대로 계속 증가한다면(물리적 한계가 조금씩 드러날 것이라는 이유로 이에 대한 이의를 제기하는 사람도 있다), 인공지능이 인간 지능을 초월하거나, 심지어 인류전체의 집단지능을 초월해버리는 지점이 나타날 것이다. 2023년과 2045년이 그러한 지점이 될 것이라는 예측이 있다. 이러한 변화, 즉 특이점 이후 어떤 세상이 나타날 것인지에 대한 추측이 분분하다. 레이 커즈와일(Ray Kurzwell)의 저서 《특이점이 온다 *Singularity is Near*》가 작은 계기가 되어 설립된 특이점 대학(Singularity

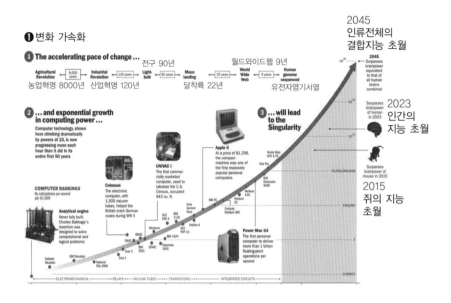

❶ 변화 가속화

❶ The accelerating pace of change ...

전구 90년

월드와이드웹 9년

2045
인류전체의
결합지능 초월

농업혁명 8000년 산업혁명 120년

달착륙 22년

유전자염기서열

2023
인간의
지능 초월

2015
쥐의 지능
초월

그림 17: 무어의 법칙

University)은 이러한 유형의 질문에 집중한다. 주로 보건, 경제, 이동성 등 여러 분야의 발전에 기술이 미치는 영향을 연구한다.

컴퓨터의 연산 속도 말고도 중요한 기술 요소들이 있다. 메모리 성능과 대역폭 같은 것들인데 이 역시 획기적 발전을 거듭했고, 폭발적 조합을 생성했다. 결국 앞으로 전개될 상황 역시 다른 분야의 발전에 따라 모양을 갖출 것이다. 새로운 기술이 적용될 것이고, 이 과정은 부분적으로 경제, 사회, 정치, 생태적 변화에 영향을 받는다. 이 역시 초융합적 혁신의 한 면이다. 급진적인 환경의 변화는 여러 영역에서 다양한 시도들이 이루어진 산물이며, 이는 다른 영역에서 새로운 발견을 견인할 수도 있다.

3.2.
생체모방

생체모방 현상은 초융합적 혁신의 좋은 사례다. 혁신을 일으키는 자연법칙을 디자인 분야에 적용했기 때문이다.

신간센

생체모방의 대표 사례는 일본의 초고속 기차 신간센이다. 1964년 운행을 시작한 신간센의 최대시속은 320킬로미터에 이른다. 기차는 최고 속력으로 달리면서 급격한 방향전환을 할 수 없기 때문에 수많은 터널을 건설할 수밖에 없었다. 하지만 이 방안은 새로운 문제를 낳았다. 터널에 진입하는 즉시 공기가 압축되면서 충격파가 발생했기 때문이다. 이로 인해 소음이 심해지는 등 승객 불편이 이만 저만이 아니었다.

그림 18: 1964년 10월 1일 도쿄와 오사카 구간 개통식. 첫 모델은 뭉툭한 총알을 닮은 모습이었다. (제공: 아사히 신문/게티 이미지)

이 문제의 해결책은 우연히 발견되었다. 조류 관찰을 취미로 하던 어느 신간센 기술자가 물 속으로 입수하던 물총새를 떠올린 것이다. 물총새의 날카롭고 뾰족한 부리는 물의 표면을 가르듯 물을 비집고 들어가 물고기를 놀라게 하는 충격파장을 만들지 않는다. 이 기술자는 뭉툭한 열차의 코를 물총새의 부리처럼 길고 뾰족하게 만들자고 제안했다. 문제는 해결되었고, 공기 저항이 줄어들면서 에너지 소모도 훨씬 개선되었다.

그림 19: 신간센의 새로운 코. 물총새의 부리에서 영감을 받은 설계이다. (출처: http:// blog. privatefly.com/how-animals-inspire-aircraft-design)

벨크로(찍찍이)

찍찍이는 1948년 스위스 기술자 조지스 드 메스트랄(Georges de Mestral)의 발명품이다. 그는 산책을 하고 나면 자신의 바지와 애견의 털에 붙은 도꼬마리가 얼마나 집요하게 떨어지지 않는지에 놀랐다. 드 메스트랄은 현미경을 사용하여 도꼬마리를 살펴보았는데, 셀 수도 없을 만큼 많은 갈고리 때문에 도꼬마리가 걸림고리를 만들어 그어떤 것에도 붙어버린다는 것을 발견했다. 갈고리와 걸림고리는 그당시까지만 해도 그 정도로 작은 형태로는 사용된 적이 없었다. 드 메스트랄은 갈고리 천 조각과 걸림고리 천 조각을 생산하기 시작했다. 바로 벨벳과 코바늘의 하이브리드쯤이라고 할 수 있는 찍찍이가 탄생한 순간이다. 수백 만 달러짜리 산업이 툭 떨어졌다.

그림 20: 벨크로(찍찍이)는 미세한 갈고리로 덮인 도꼬마리를 모방했다.

3.3.
혁신과 진화

찰스 리드비터(Charles Leadbeater)는 생체모방의 원리를 조직의 혁신환경에 적용해보았다. 그는 조직을 생태계에 대비했는데, 둘 다 변화하는 환경에 적응해야 하기 때문이다.

자연의 생태계는 진화한다. 이로부터 영감을 받아 리드비터는 진화를 혁신에 비유하고자 했다. 그는 자연 생태계의 적응성에 영향을 끼치는 9가지 요소를 찾아서 이를 조직에 대응하였다. 그 9가지 원칙(그림 21)을 아래에서 하나하나 다루고자 한다. 조직 내에서 이러한 원칙을 살펴본 설문 결과도 분석하여, 각 원칙의 평균과 표준편차를 막대 그래프로 나타내 보았다. 설문에는 다양한 나라에서 경제활동에 참여하는 사람들 뿐만 아니라 비영리단체 출신 등 565명이 응답하였다. 질문에 대한 점수는 1에서 5까지 주어졌다.

❶ 다양성 (diversity)

❷ 선택 (selection)

❸ 영속성 (perpetuation)

❹ 공진화 (co-evolution)

❺ 학습 폐기 (unlearning)

❻ 와해 (disruption)

❼ 단순성 (simplicity)

❽ 여력 (spare capacity)

❾ 타이밍 (timing)

그림 21: 진화와 긍정적인 혁신 환경과 연관된 9가지 환경 조건

점수 1 = 없음; 2 = 부족함; 3 = 보통; 4 = 좋음; 5 = 우수함

원칙 1 : 다양성(Diversity)

무작위 유전자 조작은 생물학적 다양성에 있어서 중요한 메커니즘이다. 혁신적 회사는 아이디어와 지식 원천을 가지고 여러 포트폴리오를 만든다. 이들은 조직 안팎에 존재하는 다양성을 십분 활용하고 새로운 아이디어와 지식을 확보하기 위해 '새로운 피'를 찾는다.

❶ 혁신과 기업가 정신 육성을 위해 다양성을 강화하고 활용하는데 있어 귀하의 조직 역량을 어떻게 평가하십니까?

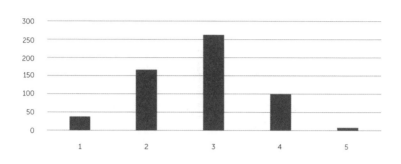

1. 다양성 (평균=2.78, 표준편차=0.80)

그림 22: 리드비터 원칙 '다양성' 점수

원칙 2 : 선택(Selection)

자연에서의 선택은 생존가능성이 더 높은 유전적 변이를 선택한다. 그러나 많은 조직들은 필요한 프로젝트를 제대로 선택하지도 못하고, 결과가 불확실한 사업을 포기하지도 못한다. 결정 기준이 종종 애매하거나 조직 자체가 늘 해오던 방식의 루틴에 갇혀 있기 때문이다.

❷ 조직은 유망한 이니셔티브를 선택하고, 가능성이 낮은 프로젝트를 적시에 포기할 줄 알아야 하는데, 귀하의 조직은 이러한 측면에서 조직의 역량을 어떻게 평가하십니까?

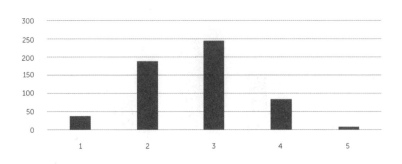

2. 선택 (평균= 2.68, 표준편차 = 0.82)

그림 23: 리드비터 원칙 '취사선택' 점수

원칙 3 : 영속성(Perpetuation)

성공적인 생물학적 종(Species)은 자신들의 유전적 물질을 재생산하고 퍼뜨리는 능력이 있다. 혁신적인 기업은 자신의 지식과 아이디어를 공유할 줄 알고, 기존의 일상업무와 프로세스에 이를 잘 반영하고 이를 새로운 고객들에게 소개할 신제품이나 새로운 서비스에 적용시킨다.

❸ 지식과 아이디어를 조직 내에서 공유하고 이를 신제품이나 새로운 서비스에 활용할 줄 아는 귀하의 조직 역량을 어떻게 평가하십니까?

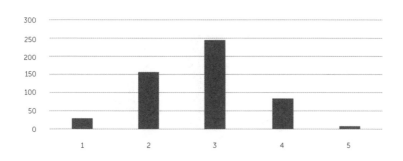

3. 영속성 (평균 = 2.87, 표준편차 = 0.82)

그림 24: 리드비터 원칙 '영속성' 점수

원칙 4 : 공진화(Co-evolution)

생태계의 종은 그들이 생존하고 있는 환경에 적응해야만 살아 남을 수 있다. 조직도 장기적인 사업을 영위하고, 인재를 영입하고, 새로운 시장을 개척하기 위해서는 이와 유사하게 환경과 함께 진화해 나가야 한다(고객, 파트너, 경쟁사, 기타 이해관계자).

❹ 조직이 적절한 환경 안에서 의미 있는 구성원으로 생존하는 역량, 이러한 환경의 변화 속에서 핵심 주체가 될 수 있는 귀하의 조직 역량을 어떻게 평가하십니까?

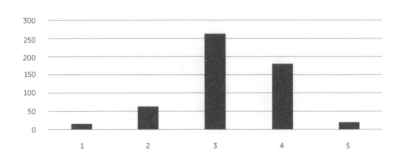

4. 공진화 (평균=3.24, 표준편차=0.57)

그림 25: 리드비터 원칙 '공진화' 점수

원칙 5 : 학습 폐기(Unlearning)

습관을 고수하고, 적응하지 못하는 생태계의 종은 환경 변화의 요구가 몰아 닥치면 멸종의 길을 가고 만다. 조직은 많은 경우 더 이상의 발전이 명확하게 불가능한 경우에도 오래된(주로 과거의 성공에 기반한) 행동 습관, 관계, 지식을 버리지 못한다. 조직에서는 경험(경륜)이라는 이름으로 젊은 세대의 신선한 아이디어를 덮어버리는 경우가 많다.

❺ 기존통념을 논의의 대상으로 삼고, 새로운 관점과 발전 사항을 충분히 활용하는 데 있어서 귀하의 조직 역량을 어떻게 평가하십니까?

5. 학습 폐기 (평균=2.76, 표준편차=1.00)

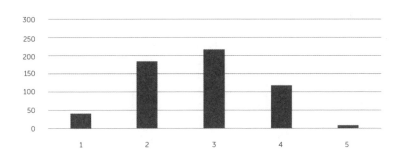

그림 26: 리드비터 원칙 '학습폐기' 점수

원칙 6 : 와해(Disruption)

약 5억년 전 다세포 유기물의 출현과 같은 생물학적 '대변혁'이 발생했고, 이러한 폭발적 변혁은 전환기적 시기에는 여전히 발생한다. 환경의 급격한 변화에 잘 대응할 줄 아는 조직들은 번영의 새로운 단계를 공동 발전시키고 이를 맞이할 수 있는 위치를 점유한다.

❻ 급진적이고 대규모 환경변화(기술, 정치, 사회변화)에 대응하는 데 있어 귀하의 조직 역량을 어떻게 평가하십니까?

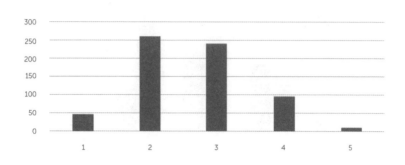

6. 와해 (평균 = 2.66, 표준편차= 0.80)

그림 27: 리드비터 원칙 '와해' 점수

원칙 7: 단순성(Simplicity)

생존에 성공한 종은 단순한 형태인 경우가 많다. 불필요한 복잡성은 성공적인 확산과 번식에 방해가 된다. 조직에서 진화는 뒤얽힌 프로세스와 절차 때문에 나아가지 못하는 경우가 많고, 관료주의 때문에 새로운 계획과 추진 사업에 차질이 생기기도 한다. 성공하는 조직은 명확한 목표와 기준을 가지고 있다. 구성원들은 개인의 책임 하에 혁신과 기업가 정신이 성장하고 번영할 수 있도록 많은 재량권을 조직으로부터 부여 받는다.

❼ 가능한 업무 처리 절차를 단순하게 유지하고 혁신과 기업가 정신을 유지함에 있어 귀하의 조직 역량을 어떻게 평가하십니까?

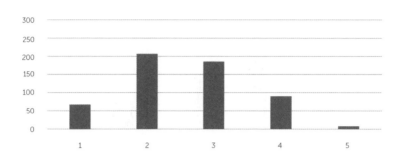

7. 단순성 (평균= 2.44, 표준편차=0.91)

그림 28: 리드비터 원칙 '단순성' 점수

원칙 8: 여력(Spare Capacity)

진화는 큰 틀에서 보면 시행착오 과정이라고 할 수 있다. 생물종은 나타났다가 환경에 적응하지 못하는 것으로 판명되면 사라진다. 이러한 맥락에서 본다면 다윈의 메커니즘은 소모성 프로세스인 것이다. 특히 위기에 빠진 조직은 '기업의 거식증' 때문에 고통 받기도 한다. 다시 말해 실패는 허용되지 않으며, 모든 것은 통제되어야 하며, 모든 것이 세밀한 부분까지 계획되어야 하는 상태가 된다. 이러한 환경에서는 혁신과 기업가 정신이 자리잡을 공간은 없다.

❽ 불확실성, 실패, 그리고 실험을 다루는 데 있어서 귀하의 조직 역량을 어떻게 평가하십니까?

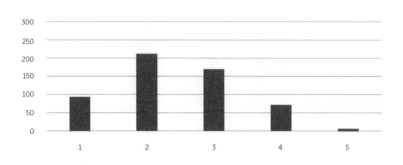

8. 여력 (평균= 2.58, 표준편차=1.40)

그림 29: 리드비터 원칙 '여력' 점수

원칙 9 : 타이밍(Timing)

어떤 생물종은 유전적으로는 탁월해 보이나 종국에는 사라지곤 한다. 타이밍이 나쁘거나 환경 변화가 이들의 확산과 번식에 불리한 방향으로 전개되었을 수 있다. 이와 유사하게 조직 안팎에서 일어나는 변화들이 시간상 너무 이르거나 늦게 발생하여 조직 내의 갈등과 재앙을 불러 일으키기도 한다. 혁신은 주로 시장이 아직 기회를 보지 못하거나 잡지 못할 때, 혹은 많은 경쟁적 변화로 시장이 혼란스러울 때 발생한다.

❾ 시의 적절한 변화를 벗어나서 생존할 수 있는 조직 역량은 어느 정도라고 생각합니까?

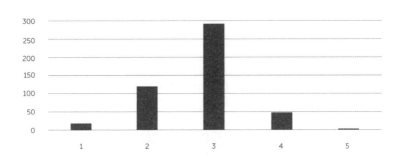

9. 타이밍 (평균= 2.86, 표준편차= 0.63)

그림 30: 리드비터 원칙 '타이밍' 점수

연구 결과의 결론을 정리하면 다음과 같다.

- 전체 설문조사의 평균은 약 2.9점으로 '보통' 수준에 약간 못 미친다.
- 공진화(Co-evolution) 항목의 점수가 가장 높고, 표준편차는 가장 낮다.
- 단순성(Simplicity)의 점수가 가장 낮게 나타났다.
- 여력(Spare Capacity) 항목은 표준편차가 가장 크고, 점수는 낮은 편이다.

즉, 조직은 넓은 의미로는 혁신을 원하지만, 복잡한 의사결정 과정과 실패에 대한 두려움이 혁신을 저해하고 있다고 결론 내릴 수 있을 것이다.

출처: '정원사가 된 CEO' From CEO to Gardener', Evert-Jan van Hasselt
& Pauline Romanesco, 2014

그림 31: 자기 몸보다 큰 곤충을 옮기기 위해 협동하는 개미. 사진: 시오리 이미지 / 바크로
프트 인도

오늘날, 모든 조직은 협업으로 통한다. 협업하지 않는 조직은 존재할 이유가 없을 정도이다. 협업을 통해 우리는 혼자일 때보다 더 많은 것을 해낼 수 있다.

전통적인 조직에서 협업은 매우 체계적인 방식으로 이루어졌다. 먼저 업무분장이 포함된 계획을 세운다. 그러면 모든 참여자들이 자신의 몫을 실행한다. 조립라인이 좋은 예이다. 사전에 모든 것을 예상하여 최후의 세부사항까지 치밀하게 계획하고 참여자는 모두 자신의 역할을 수행한다. 매우 효율적이라고 할 수 있다. 그런데 이 상태가 그대로 유지된다면 효과는 뛰어날 수 있지만, 만약 작은 변화라도 생기면 계획은 조정되어야 한다. 이런 경우 시스템은 전혀 효력을 내지 못한다. 사실상 적응력은 제로에 가깝다고 볼 수 있다.

지식 중심의 보다 현대적인 조직은 이러한 문제에 대한 방안으로 다음과 같은 방법을 제시한다. 계획단계에서부터 구성원들이 의견을 제시하며 적극적으로 참여한다. 이들은 때때로 직접 만나 무엇인가를 조율하기도 하고, 모든 구성원들의 합이 여전히 잘 맞는지 확인한다. 때로는 이런 분위기가 '회의문화'로 이어지기도 하는데, 역시 효율성에 영향을 준다.

개미는 이런 상황을 완전히 다른 방식으로 접근한다. 개미는 아무것도 미리 결정하고 계획하지 않는다. 개미 한 마리 한 마리는 자신의 할 일을 한다. 자신만의 목표가 있는데 이는 전체 집단 차원에서 자신의 역할로 결정된 것이다. 개미는 독자적으로 목표를 어떻게 달성할지를 결정하고, 일을 해 나가면서 마주치는 상황에 스스로 대응한다. 개미 각각의 목표는 개미집단의 사명에 늘 맞추어져 있다. 바로 생존이다.

개미는 서로 조율하지만 하던 일을 내려놓고 회의를 하는 방식을 취하지는 않는다. 이들은 유기적으로 일을 하면서 조정해 나간다.

사람들도 이와 비슷한 협업을 하고 있다. 개인은 그냥 자신의 일을 하면서 다른 사람들과 조율한다. 이를 공동 창조(Co-Creation)라고 부른다.

개미집단에서 발생하는 모든 일들은 그냥 벌어지는 일이다. 계획된 것은 아무것도 없으며 개미들은 그런 상황을 내버려둔다. 이렇게 하면 믿을 수 없을 정도로 강력한 메커니즘이 된다. 이 메커니즘으로 개미는 적소에서 먹이를 찾을 수 있고, 모든 종류의 위협을 제때 발견해서 효과적으로 대응할 수 있다. 그 결과 개미집단 전체가 생존하고 번성한다. 무작위 사건에 맞는 방식으로 대응할 수 있기 때문이다.

조직은 우연히 발생하는 사건을 다룰 수 있는 조직적 여유를 마련해둠으로써 조직 자체의 적응력을 상당히 확대할 수 있다. 개미가 무의식적으로 하듯이 말이다. 조직이 우연하게 발생할 수 있는 사건을 관리하여 없애려고 하기보다는 무작위적 사건이 발생할 때 그때 그때 효과적으로 대응하면 조직의 효율성은 사실 획기적으로 개선된다.

PART 4

혁신을 위한
사회 문화적
공간

4.1.
사회적 혁신
(Social Innovation)

앞서 언급한 바와 같이, 혁신을 위한 지식의 공유와 결합은 점점 더 중요해지고 있다. 그럼에도 불구하고 혁신의 복잡한 과정으로 인해 혁신의 성공은 장담하기 어려운 것이 현실이다. 종종 혁신의 과정 속에서 발생하는 부작용이나, 장기적 여파, 그리고 미약한 신호 등은 인지되지 못하거나 이해하지 못하고 넘어가는 경우가 많다. 이러한 과정 속에서 우리는 뜻밖의 발견을 하기도 하는데(Serendipity), 이는 특별히 의도하지 않았던 가치 있는 발견을 의미한다.

초융합적 혁신은 호기심, 관심, 서로에 대한 신뢰, 함께 어우러질 수 있는 사회적 친화력, 그리고 '무엇을 함께 해결할 수 있을까'에 대한 해답을 찾는 접근 방식 등으로 특징지을 수 있다. 4장에서는 초융합적 혁신을 결정 짓는 요소 중 하나로 사회·문화적 환경의 중요성에 대해 이야기 하려고 한다.

사회적 혁신(Social Innovation)

기술 발전은 혁신의 속도를 획기적으로 가속화시켰으나, 혁신의 혜택을 극대화하기 위해서는 더 필요한 것이 있다. 앞서 언급한 것처럼, 혁신은 한 가지 이상의 가치 창출의 형태를 포함한다.

연구 결과에 따르면, 기술의 혁신은 파괴적 혁신을 실현 하는 데 40% 정도 기여한다. 나머지 60% 정도는 소위 사회적 혁신(Social Innovation)에 의해 달성이 되는데 이는 혁신적 조직 관리, 혁신적 조직 구성, 혁신적 업무 방식 및 협업 등을 의미한다. 이러한 연구 결과에도 불구하고, 대부분의 기업이나 기관들은 기술적 혁신에는 관대한 투자를 하지만, 새롭게 등장하는 기술에 따라 그에 맞는 일하는 방식이나 의사 소통 방식에는 적극적으로 투자하지 않는 경향을 보인다. 이런 경우 기술 혁신이 변화의 속도가 더딘 조직 속에서는 의도된 대로 제대로 작동하기란 쉽지 않을 것이다.

고객과 새로운 기술이 만날 때도 마찬가지이다. 새롭게 시장에 출시된 혁신적인 제품이 아주 심플하면서 기존의 제품에서 찾아 보기 힘든 많은 장점을 가지고 있거나, 디자인이 우수할 경우에는 문제가 없겠으나, 일반적으로 혁신적인 변화들은 쉽게 나타나는 경우가 많

지 않다. 즉, 기술 혁신에 따라 조직 환경의 변화도 필수적인데, 그
함수 관계를 요약하면 다음과 같다.

NT + OO = EOO

New Technology 새로운 기술
Old Organisation 오래된 조직

+

Expensive Old
Organisation 비용이 많이 드는 오래된 조직

사회적 혁신(Social Innovation)이라는 말은 다소 혼돈의 여지가 있
어 많은 논의를 불러 일으켰다. 본질적으로 사회적 혁신도 '조직 혁
신(Organizational Innovation)을 내포하나 이 책에서는 사회적 혁신 이
라는 용어를 사용하기로 한다. 초융합적 혁신은 조직을 구성하고 혁
신하는 새로운 방식을 모색하는 측면에서, 큰 틀에서의 사회적 혁신
을 의미한다. 이 책에서 다루는 여러 주제 역시 사회적 혁신에 관한
것인데, 사람들과의 관계, 사람과 조직과의 관계, 그리고 조직간의

관계에 대한 조정을 통해 초융합적 혁신에 맞는 환경을 조성하는 것을 의미한다.

사실, 혁신을 독려하는 일보다는 좌절시키는 경우가 훨씬 쉽다. 다음 표 1에는 잘 알려진 35 항목의 소위 '혁신 킬러(Innovation Killers)'를 정리해 놓았다. 조직 내에서 열거된 내용 중에 한 가지 이상이 자주 언급이 된다면, 그러한 조직 내에서는 혁신이 일반적인 현상으로 자리잡기는 어렵다고 봐야 할 것이다. 흥미롭게도 혁신 킬러의 내용 중 다수가 '미지에 대한 두려움' 혹은 '실패에 대한 두려움'과 관련되어 있다.

특히, 26번 항목, '그 일이 될 것으로 확신할 수 있습니까?'의 질문은 혁신과 관련된 일을 추진하면서 해서는 안 되는 가장 전형적인 예로 볼 수 있다. 아인슈타인은, "우리가 지금 하는 일이 무엇인가를 안다면 그것은 연구가 아니다!"라고 했다. 이 말에서 '연구'는 '혁신'으로 대체할 수 있다. 실패의 두려움에 대한 질문도 있다. 4번('불가능해'), 11번('한 번도 이런 걸 해본 적이 없잖아'), 19번('이건 절대 성공시키지 못할 걸'), 21번('우린 웃음거리가 될 거야'), 25번('우리 같은 조직에서는 이 일은 결코 작동하지 않을 것이야'), 34번('이것을 원하는 고객이 없을 거야')이 해당된다.

1. 터무니 없는 일이야
2. 이미 해 본거야
3. 너무 비용이 많이 들어
4. 불가능 해
5. 우리 일이 아니잖아
6. 너무 급격한 변화인데……
7. 그 일을 할 시간이 없어
8. 그러면 다른 일은 할 필요가 없어지는군
9. 이 일을 하기엔 우리 조직이 너무 작아
10. 이건 우리 문제가 아니잖아
11. 한 번도 이런 걸 해본 적이 없잖아
12. 현실을 생각하라고
13. 다 잘되고 있는데 왜 굳이 바꾸려고 하지?
14. 수 십 년을 앞서가는군
15. 우리는 이 일을 할 준비가 아직 안 됐어
16. 예산에 포함되어 있지 않아
17. 정책에 어긋나
18. 우리가 가진 자원을 사용해야 해
19. 이건 절대 성공하지 못할 걸
20. 경영진을 설득할 수 없을 거야
21. 우린 웃음거리가 될 거야
22. 일단은 머릿속에 넣어두자
23. 그것 없이도 늘 잘해왔어
24. 딴 데서 누가 이걸 시도해봤나?
25. 우리 같은 조직에서는 이 일은 결코
     작동하지 않을 것이야
26. 그게 될 것 같습니까? 확신할 수 있어요?
27. 생각은 좋은데, 우리 시스템 알잖아
28. 수 년 동안 우리가 해왔던 방식이 이거야
29. 이걸 하려면, 저게 바뀌어야 할 거야
30. 나중에 하자
31. 누가 이걸 좀 보게 하자
32. 이것이 그렇게 좋은 것이라면, 누군가 이미 했겠지
33. 이걸 우리를 위해 해 줄 사람이 없을 거야
34. 이것을 원하는 고객이 없을 거야
35. 언제부터 그렇게 똑똑했나?

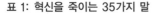

표 1: 혁신을 죽이는 35가지 말

　개인은 다양한 영역의 자기 전문성을 결합하여 새로운 뭔가를 만들어 낼 수 있지만, 초융합적 혁신은 집단 프로세스로 간주된다.

이른바 '지식 공동체'로 불릴 수 있는데, 비슷한 경력, 지식, 업무를 가진 사람들이 아이디어와 경험을 공유하는 실천 공동체와 비슷하다. 후버트 세인트 온지와 데브라 월라스(Hubert Saint-Onge & Debra Wallace)의 '전략적 우위를 위한 실천공동체 활용(Leveraging Communities of Practice for Strategic Advantage)'에는 그와 같은 집단을 가장 적절하게 활성화하는 방법이 나와 있다. 초융합적 혁신에서 우리는 뜻밖의 발견의 공동체(Community of serendipity)에 대한 이야기를 할 수 있다. 왜냐하면 여러 사람들과 이들의 지식이 다르다는 것이 특징이 되는 집단이기 때문이다. 그럼에도 집단을 발굴하고 지원하는 일반적인 측면도 간과할 수 없다. 턱만(Tuckman, 1965)은 한 집단의 발전단계를 형성기(forming), 혼돈기(storming), 규범기(norming), 성취기(performing)로 나누어 설명한다.

초융합적 혁신은 주로 형성기(forming)의 단계로 특정 지워질 수 있다. 이 단계에서는 함께 창출할 수 있는 가치에 대해 탐색하는 기회를 갖는다. 이 과정에서 가장 중요한 부분은 참여자들이 열린 마음을 가지고 소통하며 즉각적인 성과가 나오지 않는다는 것을 인정할 수 있어야 한다. 물론 다른 단계들도 초융합적 혁신에 필요하다. 특히 규범기(norming) 단계는 계약이 실현되는 단계로서 다양한 참여자들이 제공하는 의견의 중요성과 가치에 대한 본격적인 탐색이 이루어진다.

혁신의 가장 중요한 조건은 다양성이다. 리드비터는 혁신을 진화에 비유하면서 이를 설명한 바 있다(C. Leadbeater, 2000). 대부분의 많은 조직들은 다양성을 긍정적 기회가 아니라 문제 혹은 필요한 과정의 하나로 인식한다. 다양성은 단순히 남녀 성비에 대한 균형을 의미하는 것이 아니라, 문화, 나이, 성별, 교육 및 성격적 특성의 차이를 바탕으로 한 다양한 심리적 모델을 활용하고 사람들과의 차이점을 인정하고 그 속에서 가치를 부여하는 일이다. 즉, 다양성은 복잡한 문제를 해결하는 데 가장 기본적인 원칙이며, 특히 '코끼리 상상하기'의 사례에서처럼 다수의 이해관계자가 포함된 환경에서 문제해결을 모색하는 경우에 반드시 필요한 가치라 할 수 있다 .

경제 위기를 복합적인 문제로 보고 접근하는 다양성 방식

출처: 폴 이스케, 후버트 세인트 온지

세계 금융과 경제 전문가들은 수 년 동안 신용위기와 뒤따르는 경기 침체를 해결하기 위해 노력해왔다. 이 일련의 상황 속에서 발견할 수 있는 몇 가지 특이한 상황들이 있는데, 위기가 번지는 속도와 지구상에서는 영향을 받지 않는 지역이 없다는 사실이 그러하다. 부분적으로는 세계화가 원인이다. 이러한 특이성 때문에 과거 경험을 적용한다 해도 성공을 보장할 수가 없다. 지금은 새로운 금융질서를 설계하는 방향으로 해결책을 찾고 노력해야 할 패러다임 전환의 시기이다. 아인슈타인의 말을 빌리면, "문제가 생겼을 때 익숙했던 사고방식으로는 그런 문제를 해결할 수 없다." 현재 마주한 여러 질문에 대한 답을 전통적인 금융경제와 관련된 분야 내에서만 찾을 수 있다고 생각하는 것은 진부한 발상으로 보인다. 경제학자들은 현재 상황을 예측하지도 못했고 대응 방안을 마련하지도 못했다. 지금은 '새로운 융합'이 필요한 시대다. 영역 간 융합이 필요한 시대다.

우리는 이런 접근방식을 혁신 분야에서 보아왔다. 최근에 나왔던 의미 있는 혁신은 누구 한 사람에 의해 이루어지지 않았다. 다른 배경을 가진 참여자들의 협업은 개방혁신에 대한 이해가 깊어지면서 훨씬 보편적으로 적용되고 있다. 이러한 발전을 추동하는 힘은 이른바 '집단지성'이다. 여러 사람의 지성을 결합하면 궁극적으로 새로운 혜안과 결과가 나타난다.

우리에게 절실하게 필요한 것이 새로운 혜안과 결과이다. 현재 우리 앞에 떨어진 과제를 해결하는 데 이 방식을 적용해볼 시점이다. 보통은 함께 모이지 않을 것 같은 사람들을 불러모아 이러한 주제에 대한 브레인스토밍을 하면 어떨까? 예를 들면 마이크로소프트 윈도우즈 같은 운영시스템 개발자들과 복합주제탐구 팀을 구성하자. 물론 이러한 시스템조차도 대다수 사용자들이 경험했다시피 매우 복잡하고, 예상치 못한 행동들이 무수히 나타나고, 때로는 충돌 상태에 빠지기도 한다. 하지만 문제는 되돌릴 수 있다. 시스템복구라는 프로그램을 가지고 문제가 발생하기 전 상태로 돌아갈 수 있다. 금융 '시스템'도 부분적 시스템 복구가 가능한 방식으로 설계할 수 있을 것이다. 리먼 브라더스가 파산했다고? 그렇다면 바로 시스템 복구를 시도해 볼 수 있을 것이다.

또 오픈소스 커뮤니티 개발자들이 다양한 원칙을 가지고 프로젝트를 추진하는 팀에 참여할 수 있다. 이들은 여느 대형 은행이나 조직 속의 개발자들처럼, 낡은 시스템을 확장하고 고치는 데 수 년을 투입해야 하는 환경 속에 짓눌려 있지 않은 사람들이다. 우연인지는 몰라도 이런 현상은 아프리카와 아시아에서 볼 수 있는 풀뿌리 스타일 대안경제모델과 어느 정도 대비된다. 값싸고 단순하지만, 모바일 크레딧을 교환하는 방식으로 서로에게 지불하는 사례처럼 놀라울 정도로 효과적인 개념들이 창출되었다.

복잡계행동 전문가들도 팀에 참여하는 것을 생각해 볼 수 있다. 생태계 역동성(종과 서식 환경 생태계의 역동성을 말하는 것으로, 포식 어류 개체집단과 먹이 개체집단이 그 예이다) 전문가들은 어류에 대해서 많이 알고 있을 것이고, 이러한 시스템이 특정 경계 안에서 어떻게 돌아가는지 알고 있다.

게임 전문가들은 어떤가? 게임에서는 실수를 할 때마다 캐릭터가 죽는다. 세 번 죽으면 게임은 종료되며, 캐릭터를 새로 받아야 한다. 작곡가는 어떨까? 이들은 금융계와 경제계를 음악으로 표현할 수 있지 않을까? 그 음악이 듣기 좋은지, 아니면 쉬운 성공을 목표로 이상한 음조나 시끄러운 음으로 채워져 있는가? 작품 균형이 좋고, 이해관계자들의 이익이 잘 구현되었음을 알리는 은유로써 조화로운 대위법이 포함되어 있는가? 시스템이 자신들의 도덕적 기준에 부합하는지 여부를 판단해줄 젊은이들은 어떨까?

마지막으로 '더는 것이 더하는 것이다'라는 원칙을 아는 동양 철학자들도 함께할 수 있을 것이다. 시스템이 외부적 와해를 극복할 수 있을지 없을지에 대한 지식을 가진 면역학자도 참여할 수 있다. 시스템이 '공정'하고 일관성을 유지할지를 판단할 수 있는 법철학자도 좋다. 시스템의 '미학'을 판단할 수 있는 미학자도 좋다. 그리고 보전의 법칙(현재 경제 체제에서는 지켜지지 않는 것으로 보인다)과 카오스 이론을 잘 알고 있는 물리학자도 있다. 마지막으로 시스템의 실용성(예를 들면, 공산주의의 경우 실용성이 없는 것으로 드러났지 않은가?)을 판단할 수 있는 심리학자와 사회학자도 있다.

참여후보자 목록은 얼마든지 확대될 수 있다. 복합주제탐구 팀을 구성하고, 오늘날 마주한 특이한 상황에 적용할 수 있는 특이한 접근법을 만들어내도록 해보자. 물론 활성화를 위한 최선의 노력과 조화로운 협업 테크닉과 방식이 적용될 때 이 다채로운 집단의 성공을 기대할 수 있을 것이다. 그렇게 하기 위해서는 대면 회의뿐만 아니라 재밍(jamming, 온라인 브레인스토밍과 의사결정지원 시스템), 위키피디아 같은 시스템, 트위터 같이 신속한 아이디어 공유와 개발을 도와주는 사회관계망 환경 등 온라인 도구가 필요하다.

이와 같은 방식은 분명히 흥미로운 실험이 될 것이다. 진정한 다양성이 확보되면 금융시스템의 급진적 혁신을 이루는 데 도움이 될 것이다. 세계경제포럼, G7, G20 정상회의 등에서 달성할 수 없는 성과일 것이다.

4.2.
빛나는 실패

　엄밀히 말하면, 초융합적 혁신은 여러 의견수립의 단계를 거쳐야 하기 때문에 바로 성과를 도출하기 어려워 효율적인 프로세스는 아니다. 조직이 협업을 시작하면, 혁신은 그 자체로 결과가 불확실한 프로세스가 되기 마련이다. 특히 '복잡성'과 '경계를 뛰어넘는 협업'을 추구하는 경우, 초융합적 혁신의 불확실성은 더 커지게 된다.

　많은 조직들이 '기업 거식증'에 시달리고 있어 성과가 기대를 충족하지 못할 수 있는 미지의 영역을 탐색할 의지를 가진 기업 조차도 가능성에 도전하기 어려운 환경을 가지고 있다. 하지만 복잡한 환경에서는 발전을 강제할 수도, 예상할 수도 없다. 패러다임 이동이란 과거를 단순히 이어나가는 것이 아니라 미래를 향한 전환점을 마련하는 것을 의미한다. 이는 나심 니콜라스 탈렙(Nassim Nicholas Taleb)이 자신의 유명한 저서 《블랙스완 *The Black Swan*》에서 설명한 바 있다. '빛나는 실패 연구소'는 이 메시지를 강조함과 동시에 사회 내에 팽배해 있는 두려움의 문화를 줄이고자 설립되었다. 이러한 두려움을 줄이기 위해 두 가지 방식이 주로 고려되는데 i) 기업가들의 도전을 높이 평가하고, ii) 실패한 프로세스에 녹아 있는 교훈에 대해 학습을 장려하는 것이다. 이러한 방식 또한 초융합적 혁신에 중요한 요소인데, 이러한 과정이 원칙적으로 확실한 결과를 담보할 수 없기 때문이다.

사람들은 통상 실패의 부정적 결과를 성공의 보상보다 더 크게 생각하는 경향이 있기 때문에, 리스크 회피형의 성향을 지니고 있다. 실업, 파산위험, 모르는 상황을 마주하는 두려움은 성공에 따르는 인정, 지위, 자아실현의 기쁨보다 큰 법이다. 실패를 경시하는 문화 때문에 우리는 더욱 몸을 움츠리고 만다.

그러나 실험하고 위험을 감수하는 행동이 중요하다는 것을 간과해서는 안 된다. 지금과 같이 불안한 경제 시대에는 더욱 그렇다. 예를 들어, 당신이 극동지역으로 가는 더 빠른 경로를 찾고 있다고 치자. 그래서 돈과 잘 갖춰진 배, 경험 많은 선원을 확보했고, 길을 나섰다. 당신은 포르투갈 연안을 떠나 서쪽으로 향한다. 당신은 항해 중 인도가 아니라 미지의 대륙을 발견하고 놀라게 된다. 경계 너머로의 탐색은 콜럼버스가 그랬듯 새롭고 예상치 못한 발견으로 이어지곤 한다. 발전과 혁신은 항상 실험적 시도와 위험 감수가 따르기 마련이다.

위험은 실패와 불가분의 관계이다. 돔 페리뇽(Dom Pérignond)이 자신의 샴페인을 만들어내기까지 수천 개의 병을 부수어야 했다. 비아그라는 제조사인 화이자(pfizer)사가 지속적으로 새로운 신약을 개발하기 위한 노력을 하지 않았다면(지금 비아그라가 사용되고 있는 것과는 아주 다른 용도인 협심증을 위한 신약 개발), 지금의 비아그라는 결코 발견되지 못했을 것이다.

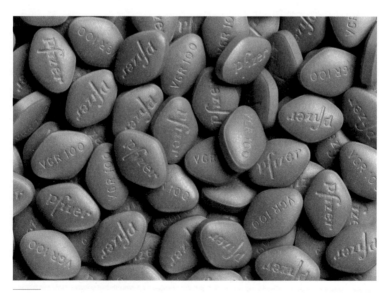

그림 32: 빛나는 실패의 산물, 비아그라

우리가 사는 세계는 빠르게 변화하며 복잡성은 증가 일로에 있다. 여러 영역에서 큰 변화가 진행 중이다. 새로운 경제세력과 정치세력이 부상하고 있고, 기후 변화가 하나의 아젠다로 자리잡고 있다. 또한 '글로벌하게 연결된 세계'는 인터넷 덕분에 점점 더 작아지고 있다. 과거 거리와 시간, 돈 때문에 생겼던 제약은 사라지고 있으며, 누구나 같은 공간에서 같은 시간에 아이디어를 나누고 경쟁하는 시대가 되었다. 지식, 아이디어, 서비스로 생계를 이어가는 사람들이 늘어나고 있다. 다시 말해 글로벌 무대에서 이 분야의 활동 인구가 점점 늘어난다는 뜻이다. 실패의 두려움의 종착지인 '평범성'으로는 이 복잡한 경쟁을 뚫을 수 없을 것이다. 월트 디즈니 컴퍼니의 전 CEO 마이클 에이즈너는 실패를 처벌하면 평범성만 남게 된다고 강조하였는데 그 이유는 "두려움이 많은 사람들이 늘 안착하는 곳이 평범성"이기 때문이라고 믿었다. 즉, 위험을 감수하고, 기꺼이 실험을 하고, 실패를 무릅쓰고, 실패로부터 학습하는 개방적인 태도의 중요성은 점점 더 커지고 있다.

실제로 앞에서 언급했던 글로벌 무대의 변화는 반드시 불확실성 증가를 동반한다. 전략적 경영의 구루 이고르 안소프(Igor Ansoff)에 따르면, 불확실성은 사람과 조직이 미리 무언가를 계획하는 데 영향을 미친다. 불확실성이 크면 클수록 안소프가 말하는 '적극적 유연성(Proactive flexibility)'이 더 필요하다. 적극적 유연성이란 남들이 빠르게 변화하는 환경이나 예상치 못한 결과에 적절하게 대응하기 전에 앞서 대응하는 능력을 말한다. 오늘날 우리가 살고 있는 이 시대에는 통제하고 관리하기보다는 항로를 찾아가는 시도가 점점 중요해지고 있다. 제대로 된 항해 능력은 실험하고, 실수하고, 조정하는 과정에서 배양된다.

이러한 변화와 함께 새로운 현상이 나타나고 있다. 안정적인 소속감을 버리고 유연성, 자유, 위험이 높은 도전적 기업활동에 투신하는 사람들이 늘고 있다. 네덜란드 상공회의소에는 매년 대략 십만 개 정도의 신규 회사가 등록된다. 네덜란드의 자영업자 수는 이미 백만에 육박한다. 하지만 성공이 쉽게 오지 않는 환경에 대한 이해가 부족한 경우가 많다. '빛나는 실패 연구소'는 실패에 대한 태도를 긍정적으로 바꾸려고 노력한다. '빛나는'이라는 말은 예상과 다른 결과가 따를 수도 있는 진지한 시도와 그로 인한 학습 경험을 이르는 말이다.

'빛나는 실패 연구소'는 도전적인 사고와 행동을 독려한다. 단순히 기업가들을 대상으로 하는 것이 아니라 사회 전체를 대상으로 활동한다. 누구나 경계를 조금 낮추고, 실수에 대한 관용을 높이는 역할을 할 수 있다. 이와 같은 태도는 먼저 법률 입안자, 정책 입안자, 사회부문 파트너, 회사 임원급 인사들이 받아들여야 한다. 이들은 입법절차를 간소화하고, 위험을 기꺼이 감수할 수 있는 분위기를 조성하고 실패에 대한 처벌을 동기부여로 전환할 수 있는 위치에 있다. 언론 역시 실패의 긍정적인 면을 부각하는 데 중요한 역할을 할 수 있다. 마지막으로 자신이 속한 환경에서 무언가를 시도하고, 실패를 용인할 수 있는 여지는 누구나 만들어낼 수 있다.

'빛나는 실패 연구소'의 웹사이트에는 빛나는 실패에 대한 관용 수준이 낮은 네덜란드 분위기를 경험한 이야기들이 올라와 있다. 네덜란드에서 비트매직(Bitmagic)이라는 자신의 인터넷 회사가 실패한 뒤 마이클 프랙커스(Michael Frackers)는 미국에서 좋은 제안을 받았다. "일례로 구글에서 유럽 지사장직 제안을 받았습니다. 하지만 네덜란드에서는 어떤 제안도 받지 못했죠. 미국에서는 '괜찮아요! 코피가 조금 났을 뿐입니다'라고 말해줬어요. 성공보다 실패에서 더 많은 것을 배운다고들 하잖아요? 저도 경험으로 알고요. 하지만 네덜란드에서는 그 말을 진심으로 하는 것 같지 않네요" 라고 프랙커스는 일갈했다.

빛나는 실패는 많은 경우 콜럼버스 원칙에서 발생한다. 시작하는 사람은 뭔가를 지향하면서 일을 시작하지만 정말 우연한 일로 완전히 다른 결과를 얻는다. 바로 세렌디피티라고 하는 뜻밖의 발견이 그것이다. 네덜란드 안과 의사이자 이그 노벨상 수상자인 펙 반 핸델(Pek van Handel)은 이런 비유를 했다. "짚더미에서 바늘을 찾고 있었죠. 그런데 농부의 예쁜 딸을 발견한 겁니다." 하지만 뭔가를 찾고 있던 사람이 예상하지 않았던 결과를 받아들이면, 그 '실패'에서 즉각적으로 새로운 적용방법이나 가치를 보기가 어려울 수도 있다.

빛나는 실패가 꼭 의도치 않은 성공이라는 결과를 가져다 주는 것은 아니다. 실패를 통해 얻는 교훈 그 자체가 좋은 경험일 수도 있다. 2014년 보건부문 빛나는 실패상 수상 사례가 좋은 예가 되겠다.

2014년 보건부문 가장 빛나는 실패상: 수술을 대신하는 색전술 시술

출처: http://www.briljantemislukkingen.nl/2015/10/de-briljante-mislukkingen-award-in-de-zorg- 2014-gaat-naar/

1995년 자궁 근육조직 내 양성종양인 자궁근종 환자를 위한 최소침습 치료가 도입되었다. 근종에 영양분과 산소를 공급하는 혈관을 작은 합성 입자로 막아, 혈액공급을 차단하여 근종 크기를 줄이는 치료였다. 암스테르담 대학의 에미 의학실험센터(EMMY Trial of the Academic Medical Center of the University of Amsterdam, AMC)는 자궁동맥 색전술이라는 이 치료가 수술보다 장점이 있음을 발표했다. 입원기간이 더 짧고, 회복도 빨랐던 것이다. 색전술 시술은 의료비를 상당히 낮출 수 있는 선택이었다. 수술과 비교해도 시술 이후의 삶도 거의 동등한 수준이었고, 장기적으로도 경과가 좋았다.

AMC의 연구원이자 중재적 방사선 의사인 짐 리커스(Jim Reekers) 교수는 무작위 다기관공동연구 계획을 수립하고 참여할 환자를 충분히 모집했다. 연구결과 색전술의 효과는 수술과 동등한 수준이면서 환자에게 상당한 장점이 있는 것으로 나타났다(Hehenkamp et al., 2004 참고).

이 연구는 2005년 종료되었고, 리커스 교수는 최신 연구와 쉽게 적용할 수 있는 결과를 인정받아 탁월한 연구성과에 주어지는 상을 수상했다 (ZonMw Pearl).

이후 의료전문가를 위한 네덜란드 우수기금 재단으로부터 재원을 지원받는 산부인과 협회는 가이드라인을 바꿨다. 모든 환자를 대상으로 수술 대안으로 색전술을 소개하고 논의해야 한다는 것이었다.

그림 33: 2014년 보건부문 빛나는 실패상 수여식

하지만 그 이후 이해하기 어려운 상황이 이어졌다. 이 새로운 시술을 적용하기 위한 노력이 이어졌지만 사실상 아무것도 거의 바뀌지 않았다. 매년 자궁근종 환자 5,000명 정도가 네덜란드에서 수술을 받지만, 색전술 시술을 받는 환자는 200명에 불과했다.

리커스 교수가 원인으로 지목한 내용은 이렇다. 색전술 집도의는 방사선 의사라는 사실이다. 환자를 시술하기 위해서는 동료의사인 산부인과 의사가 방사선과로 환자를 보내줘야 했다. 현실은 그렇지 못했다. 리커스 교수는 다음과 같이 말했다. "의료전문가들은 자기 밥그릇을 지켜야 한다는 생각을 합니다. '전문진료 자율성'이라는 말로 포장을 합니다. 쉽게 풀어서 설명 드리면, '내 환자 건드리지 마라'입니다. 돈 문제일 때도 있습니다. 하지만 의사들이 급여를 받는 대학병원은 돈 문제가 아닙니다. 여러 이해관계가 얽혀있습니다. 예를 들면 수련 중인 의사는 어쨌든 수술방법을 배워야 하지 않겠습니까?"

리커스 교수는 상황이 다른 사례를 딱 하나 알고 있었다. 네덜란드 틸뷔르흐에서는 방사선 의사와 산부인과 의사가 수년 전부터 색전술 시술을 위해 협업하고 있다. "이곳 의사들은 의료행위를 공유하고, 이익을 나눕니다. 여기서는 네덜란드 타 지역 전체에서 시술된 케이스를 모두 합친 정도로 많은 색전술 시술이 이루어집니다."

이 사례를 통해 여러 이해관계자가 존재하는 경우 이들의 다양한 관점들을 고려하는 것이 혁신에 중요하다는 것을 알 수 있다. 초융합적 혁신도 마찬가지다. 관련된 이해관계자들은 여러 배경과 경력을 가졌을 것이고, 따라서 이들 역시 스스로 혁신의 부가가치를 평가하고, 그 결과에 따라 행동할 것이기 때문이다.

많은 혁신 아이디어들이 성공하지 못하고 실패하게 되는데, 복잡한 세상에서 생존해야 하기 때문이다. 특정 여건에서는 효력이 발생한다 할지라도, 새로운 조건에 마주치거나 좀더 변화가 큰 환경에 노출되면 한계가 드러나기도 한다. 비즈니스적 관점에서 보면 창업 단계의 성공이 다음 단계인 순조로운 성장으로 그냥 이어지는 것은 아니다. 기본적으로 다음 세 단계를 거친다.

❶ 개념 타당성 증명(Proof of Concept)
❷ 사업성 증명(Proof of Business)
❸ 성공 증명(Proof of Success)

단계를 이동하는 동안에는 어떤 면이 변화할 가능성이 있는지, 변화가 필요할지 생각해야 한다. 팀 내 스킬 변화(팀 자체의 변화로 이어질 수도 있다), 고객유형 변화, 파이낸싱 모델과 거버넌스 변동이 있을 수 있다. 빛나는 실패는 진행과정 속에서 복잡성이 증가하면서 원래의 혁신 아이디어를 유지하지 못하는 데서 기인하는 경우가 많다.

펀드 같은 주요 투자자는 2단계 직전 회사 또는 규모의 확장 또는 사업성 증명 단계에 진입하려는 회사에 투자하려고 한다. 이들은 경쟁이 심화되는 시기를 피해 최대한 조기에 참여하기를 원한다. 하지만 새로운 사업의 생존가능성에 대한 여러 연구들이 증명하듯 1단계 성공은 아무것도 보장해주지 않는다. 노르웨이에서의 한 연구(Tor Johannessen)에 의하면 회사의 절반가량은 1년을 넘기지 못한다. 이 비율은 5년을 기점으로 30퍼센트 이하로 떨어진다. 이른바 '가젤'이라고 불리는 고속성장 신생회사들은 장기적으로는 생존하지 못하는 경우가 다반사다. 우리는 '가젤'이라는 말에 의문의 여지가 있다고 본다. 가젤은 겁이 많아 집단생활을 하며 종종 먹잇감이 되고 마는 동물이다. 성공한 기업가를 생각할 때 떠오르는 말은 아니기 때문이다.

PART 5

초융합적 혁신을
위한 프로세스와
조직 공간

5.1.
지식기반의
초융합적 혁신

초융합적 혁신을 위한 과정이나 초융합적 혁신을 위한 조직을 생각해 볼 때, 우리는 혁신을 일련의 과정 혹은 새로운 잠재적 가치를 융합 혹은 창조해 내는 것으로 규정한다. 두 측면 모두 의사결정, 위험감수, 자원배분과 관련된 특징을 포함하고 있다.

혁신은 과거와 다른 방식으로 지식을 활용하여 가치를 창출해 내는 프로세스이다. '준비된 우연(Organized coincidence)' 역시 초융합적 혁신에서 중요한 역할을 한다. 참여자들은 모임 횟수가 늘면서 서로를 더 잘 알게 된다. 이를 통해 서로의 자질과 원하는 바를 깊이 알게 되며 결속이 생긴다(4장의 사회혁신 참조). 만나는 횟수가 충분히 증가하면, "우리가 무엇을 함께 할 수 있을까?"라는 질문이 자연스럽게 나온다. 이 프로세스는 입자충돌 횟수가 충분히 많아지면 발생하는 화학반응 또는 핵반응과 비교할 수 있다. 반응이 발생하기 위해 필요한 에너지, 상대적 위치, 진행방향 속도 등이 갖춰지면 반응하게 된다.

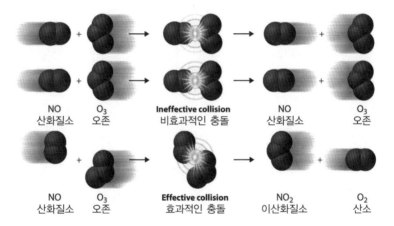

출처: http://chemwiki.ucdavis.edu/Physical_Chemistry/Kinetics/The_Collision_Model_of_Chemical_KInetics

---

그림 34: 산화질소와 오존의 반응에 대한 분자배치 효과. 산화질소와 오존 분자의 충돌에서 대부분은 아무런 반응을 일으키지 않는다. 질소원자가 오존의 말단 산소원자 중 하나와 충돌을 한 경우에만 이산화질소와 산소가 생긴다.

그림 34는 산화질소(NO)가 오존(O_3)과 효과적으로 반응하여 이산화질소(NO_2)와 산소(O_2)를 생성하는 과정을 보여준다. 이 과정이 일

어나기 위해서는 적절한 조건이 갖추어져야 한다. 이 과정은 확률적 과정(Stochastic process)이다. 어떤 분자가 언제, 어디서 반응을 일으킬지 미리 판단하기는 사실상 불가능하다.

지식기반의 초융합적 혁신

지금의 경제 구조에서, 효과적인 지식의 활용은 필수요건이다. 조직 안에서 혹은 조직 사이에서 가치가 사라지는 이유는 가치들은 내실 없는 지식 관리에 기인하는 경우가 많다. 직원의 퇴직, 잘못된 발령, 반대 의견, 의견수렴 실패, 그리고 지식이 시스템 속에 너무 깊이 숨겨져 있어 접근이 불가능한 상태 등 여러 상황이 이에 해당된다. 초융합적 혁신에서는 참여자들이 정보와 지식을 교환하고 융합할 수 있는 능력을 중요하게 여긴다. 특히 구성원들의 배경, 출신회사, 심지어 활동분야가 모두 다른 상황에서도 적용할 수 있는 지식을 공유하고, 이를 효과적으로 사용하는 것이 정말 중요하다. 초융합적 혁신은 조직 내 혹은 조직 간 활용 가능한 지식을 일관되고 명확한 방식으로 체계화할 때 제대로 작동한다.

수많은 정보와 효율적이고 체계적인 프로세스가 결합하면, 효과적인 지식관리에 대한 요구가 높아진다. 일반 텍스트 형태와 스프레드시트 형태, 관련 없는 애플리케이션 등으로 지식 정보가 제각각 흩어져 있으면 관리하기도 어렵고, 재사용도 곤란하다. 한 조직 내에서조차도 수많은 독립적인 시스템의 존재는 원활한 커뮤니케이션을 방해한다. 특히 수많은 대형 금융 기관들은 오랜 기간 사용해오던 방대한 정보와 거래 내용을 효율적으로 관리하는 데 어려움을 겪고 있으며 이는 종종 데이터 품질 문제를 야기한다. 이 문제를 해결하기 위해 한 시스템에서 다른 시스템으로 정보를 통합하고, 다른 시스템의 정보와 조합하여 사용해야 할 때 많게는 수천 개의 인터페이스 간 연결을 고려해야 하는 일이 발생하기도 한다. 이러한 통합 시스템의 부재는 전체를 한눈에 파악하기도 어렵고, 정보 및 지식 관리에도 일관성이 떨어진다. 이는 조직 자체에도 큰 문제가 될 뿐만 아니라 조직 차원을 너머 초연결성의 시대의 새로운 가치와 혁신을 추구하는 데에도 문제가 된다.

예를 들면, 유럽 연합에서 2018년부터 새롭게 도입한 새로운 지급 결제 서비스(Payment Service Directive 2) 지침은 금융 기관이 아닌 일반 핀테크 회사들도 일반 은행들처럼 지급결제 서비스를 제공할 수 있는 길을 열었다. 이는 기존의 정보와 시스템 통합에 어려움을 겪고 있던 유럽의 대형 금융 기관들에게 큰 도전 과제를 던져주고 있다.

또 다른 측면에서는 법과 규정의 변화에 조직이 민첩하게 대처해야 하는 과제가 있다. 조직 내 시스템이 유기적으로 연결되지 않은 상태에서 새로운 제도나 규제에 부합하는 일은 아주 어려운 과제이다. 이런 경우, 새로운 규제 환경에 영향을 받는 요소들은 비효율적인 수작업을 통해 파악해야 하고, 영향을 받은 시스템 전체는 그 이후에 적응과정을 거쳐야 한다.

이러한 문제에 대응하기 위한 방안으로, 조직 내 시스템 관리를 통합하고 이를 '단일정보소스(Single point of truth)'에서 민첩한 업데이트를 통해 자동으로 전 조직 내에 제공하는, 새롭게 적용되어야 하는 규정과 규칙을 내재화하는 것을, '차세대 컴플라이언스(Next Generation Compliance)' 라고 정의한다.

파이브 디그리즈(Five Degrees)사의 기본 시스템 구조(8.1장 참고)는 이러한 개념을 기반으로 한다. 이러한 시스템 구조에 기반한 솔루션은 확장성을 지니며 많은 핀테크 회사들은 이와 비슷한 방식으로 시스템의 확장성과 기동성에 접근한다.

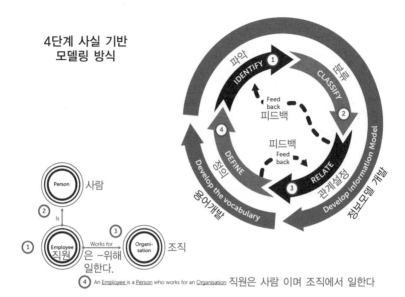

4단계 사실 기반 모델링 방식

4 An <u>Employee</u> is a <u>Person</u> who works for an <u>Organisation</u> 직원은 사람 이며 조직에서 일한다

1 비즈니스 용어(예. "직원")를 파악하고 비즈니스 자연어로 바꾼다. 예를 들면 문서화와 기준모델이라는 말은 "영감"을 위해 사용된다.

2 비즈니스 용어(예. "직원")는 광범위한 비즈니스 용어(예 "사람")의 부분형태이거나 역할로 분류된다.

3 비즈니스 용어(예. "직원")는 해당 용어를 이해하는데 관련된 다른 비즈니스 용어(예. 조직)와 연관된다.

4 비즈니스 용어의 맥락과 분류, 그리고 다른 비즈니스 용어와의 관계를 알면 일관된 정의를 할 수 있다.

그림 35: 사실 기반 모델링: 전송과 조합이 가능한 데이터, 정보, 업무규칙을 생성하기 위한 시스템적 접근방식

지식기반 협업 분야에서 역량을 체계적으로 발전시키기 위해서는 융합된 지식 프로세스를 하나의 통합된 전체로 보고하여 정리하는 방식이 필요하다. 또한 특정한 어떤 방식(프로세스 기반, 룰 기반, 정보 기반 등)을 선호하는 사람들도 통합된 전체에서 협업할 수 있는 환경을 만드는 것이 중요하다. 회사는 이런 방식을 통해 조직 안팎에서 그리고 모든 분야에서 일관되게, 명확하게, 전환 가능한 형태로 지식을 관리할 수 있다. 이런 방식을 따르면 지식은 객관적으로 공유가 가능하고, 적용 가능하며, 필요 시 재사용 가능한 형태가 되며 항상 효과적으로 관리할 수 있게 된다.

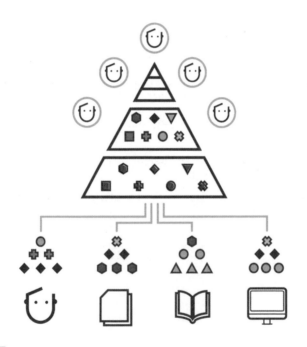

그림 36: 비정형 분산 지식관리 환경에서 '단일정보소스'로 전환

중앙 시스템에서 주요 정보를 생성 관리할 수 있으면, 내외부 변화를 예측하고 통제하는 데 용이하다. 이러한 시스템은 주로 법률에 기반한 서비스를 설계하고 제공하는 데 사용되었다. 같은 방식으로 규정 준수를 목적으로 한 확장성과 관리성도 확보할 수 있다. 초융합적 혁신은 협업에 참여하는 주체들이 위에서 언급된 요건들(중앙 통제, 확장성, 관리성)을 충족 시킬 때만이 가능하다. 이러한 접근 방식은 일정한 기준을 제공하며 이를 통해 관련 시스템 간 연결 고리를 유지하는 데 드는 노력과 비용을 최소화할 수 있다.

중요한 것은 복잡성 이면에 숨어 있는 핵심을 분석하고 이해하는 일이다. 통상 복잡한 구조를 설명할 때 완전성과 일관성을 담보하기란 쉽지가 않은 일이다. 그렇기 때문에 복잡한 주제를 체계적으로 분류하며 그 내부적 일관성을 확인하는 과정이 필요하다. 이러한 방식이 아니면 제품, 서비스, 복잡한 프로세스를 설명하는 것 자체가 불가능하며 함께 일을 할 수도 없다.

나이슨(Nijssen & Le Cat, 2009)이 고안한 코그니암(CogNIAM®) 방식은 조직 안팎에 존재하는 지식의 맥락, 즉 일관성을 확인할 수 있도록 해주는 좋은 예가 될 수 있다. 이 방식은 분석, 커뮤니케이션, 학습 방법 등을 개선하는 과정에서 출발했고, 모든 사람들이 일상에서 사용하는 언어를 기반으로 한다(의미와 소통에 중점). 이 방식은 광범위하게 적용할 수 있기 때문에 같은 기준이나 준거를 사용하는 사람들은 쉽게 이해하고 적용할 수 있다. 또한 코그니암 방식은 규제에 기반한 서비스나 다양한 원칙의 조합을 필요로 하는 명확하고 구체적 사례들을 기반으로 체계적인 방식의 업무에 중점을 둔다(Dulfer et. al., 2016). 구체적인 사례뿐만 아니라 좀 더 필요한 경우 추상적인 형식까지도 수용할 수 있는 주제 간 협업 구조로 업무를 확장할 수도 있다. 이를 통해 보다 명확하고 반복이 가능한 업무 프로세스를 구축할 수 있다. 이 방식은 정확하고, 분명하고, 모호함이 없으며 여러 해석의 가능성을 차단시켜 준다. 활용되는 지식은 한 방향으로만 설명되기 때문에 구조적 오류는 최소화되며 동일한 지식은 하나의 방식으로만 제시된다. 이 방식은 내부 및 외부 커뮤니케이션을 개선한다. 공유 또는 총합된 회사 목표를 실현하기 위해서는 당사자가 아니어도 알 수 있는 방식으로, 그리고 기대치를 충족할 수 있는 방식으로 모든 구성원의 요구사항이 정리되어 궁극적으로는 협업의 본질인 신뢰가 구축된다.

업무 과정에서 확실한 일관성을 담보하기 위해서는 논리적 탐색이 가능한 모델로 업무 구조를 체계화해야 한다. 프로세스, 규정, 데이터, 의미(컨셉 정의)를 일관성 있게 설명해야 한다. 이 방식의 시스템적 속성은 필요한 모든 지식은 분석가능하며 한 모델로 통합되는 것을 보장하게 된다. 이 방식은 품질과 호환성을 주관적인 느낌이 아니라 객관적인 계량치로 전환시켜 준다.

정보와 지식 호환성은 '지능형 비즈니스', 특히 빅데이터 기반 프로세스를 중심으로 하는 프로젝트에서 핵심적 역할을 한다. 예를 들면, '스마트 시티', '스마트 서비스' 같은 영역의 여러 혁신에서는 지식과 정보가 자유롭게 흘러 다니고 결합할 수 있어야 한다. 또한 규정 준수도 보장되어야 한다. 그렇게 해야만 비로소 애플리케이션 프로그래밍 인터페이스(API) 개발자들이 여러 원천 데이터를 자신들이 제안할 수 있는 형태로 결합할 수 있다. 금융 기관들 역시 자신들이 관리하는 정보들이 통일성 있고, 분명하며 전환이 가능할 때 더 많은 가치를 만들어 낼 수 있을 것이다. 이러한 방식의 업무 처리 프로세스는 지식을 보다 효과적으로 공유하고, 사용 가능하게 만들며 필요 시 다른 부서나 사람에 의한 재사용을 가능하게 한다. 항상 사용할 수 있는 지식의 공간을 만들어 놓는 셈이다.

우리는 비금융 기관들이 개발한 다양한 'API의 등장'을 보고 있다. 이들은 통상적으로 자신들이 속해 있는 혁신 부서 및 개발자와 함께 새로운 가치 창출을 모색한다. 금융 기관들의 API는 고객들의 환경에 즉각적으로 적용된다. 이를 통해 우리는 고객과의 접점인 인터페이스 관리를 하게 되는데, 이는 개방형 초융합적 혁신의 특징으로 볼 수 있다.

5.2.
지적 재산권의 역할

이전 장에서 우리는 초융합적 혁신과 지식의 연합체들에 대해 다루었다. 정리된 것처럼 지식이 존재하고, 활용가능하며, 양방향 전환이 가능한 경우에만 융합이 가능하다. 다양한 융합적 협업 생태계를 살펴보면 지적 재산권에 대한 논의가 어느 시점에는 등장한다. 특허가 포함된 지적 재산권과 지적 자본을 구별하는 일은 중요하다 할 수 있다. 지적 재산권의 목적은 연구개발의 이익을 증대시킴으로써 연구개발의 주체들이 일정한 기간 동안 연구개발의 경제적 성과를 누릴 수 있게 하는 것, 즉 개발투자비를 회수할 수 있도록 하는데 있다. 그런데 문제는 혁신 주기가 점점 짧아지고 있고, 특허는점점 복잡해진다는 데 있다. 유연성과 속도는 초융합적 혁신에서 중요한 역할을 하는데, 지적 재산권 논의는 때로는 혁신의 장애물이 될 수 있다.

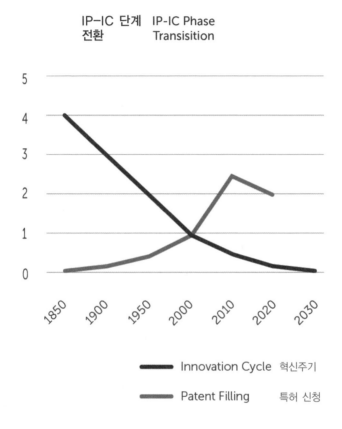

IP-IC 단계 전환　IP-IC Phase Transisition

━━━ Innovation Cycle 혁신주기

━━━ Patent Filling 특허 신청

그림 37: 평균 특허 승인 대기시간은 2010년 이후 단축되고 있다. 하지만 혁신 주기가 짧아지고 있다. '트롤링' 특허를 보유하고 있지만 개발에 이를 사용하지 않는 경우 매년 800억 달러 정도 손실이 발생한다. (출처: 패스트컴퍼니스태프, 2012)

따라 올 수 없을 정도로 빠른 변화가 필요하다. 물론 이미 지적 재산권을 확보한 경우나 협업이지만 지적 재산권의 보호가 상당히 필요한 경우에는 다르다. '공유하지 않으려면 모든 것을 보호하라'라는 구호는 '보호해야 할 필요가 없으면 모든 것을 공유하라'로 대체되어야 할 지도 모른다. 이렇게 된다고 해서 완벽한 오픈소스 공동체가 나타나지는 않겠지만 초융합적 혁신을 위한 좀 더 효율적이고 효과적인 방식이 될 수도 있다. 지적 재산권 개발과 적절한 공유 전략은 필요하다. 특히 구성원들의 배경이 다르고, 지적 재산권에 대한 비전이 다르다면 더욱 그렇다. 이 과정에서 지식에 대한 가치평가에 대한 고민을 하게 된다. 그렇지만 일반적으로 완전하고 객관적인 지식의 가치평가는 불가능하며 지식에 대한 가치평가와 공유는 사전에 충분한 합의가 반드시 있어야 한다는 의미이다.

초융합적 혁신은 과학적 지식을 자유로이 사용할 수 있을 때 더욱 활성화 될 수 있다. 과학지식을 다루는 출판사의 수익 모델은 부분적으로 연구결과에 의존하고 있다. 이러한 출판사는 공공재원을 지원받는 경우도 있고, 연구결과보고서로 동료검토의견서 작성에 필요한 수수료를 받을 수 있다. 관련 저널을 구독하는 대상은 대부분 지식관련 연구소, 대기업의 연구개발부서이다. 하지만 적용과 새로운 조합이 가능한 분야를 다루지 않기 때문에 많은 잠재력이 상실되고 있다.

오픈 액세스(Open-access)에 기반한 출간물은 누구나 읽을 수 있고, 다운로드 할 수 있는 출간물을 의미한다. 복사, 배포, 인쇄, 인덱스, 교육용 교재, 연구목적으로 사용할 수 있으며, 그 외 현행법에서 허용하는 다양한 방식으로 사용할 수 있도록 되어 있다. 이 정보를 읽는 데 어떠한 금전적, 법적, 기술적 제약이 없다. 오픈 액세스 운동은 과학자료의 자유로운 접근을 활성화하기 위한 전 세계적 운동이다. 이런 운동을 하려면 지식 수집, 선정, 개선, 배포 작업에 가치를 부가하는 당사자들을 위한 새로운 비즈니스 모델이 필요하다. 독자가 돈을 내지 않아도 된다면 유통 및 전송에 소요되는 비용은 다른 방식으로 회수되어야 한다. 여기에는 몇 가지 방법들이 있다. 저자에 대한 세금 감면, 광고, 컨퍼런스 마련, 크라우드펀딩, 기부금 등이 그에 해당한다.

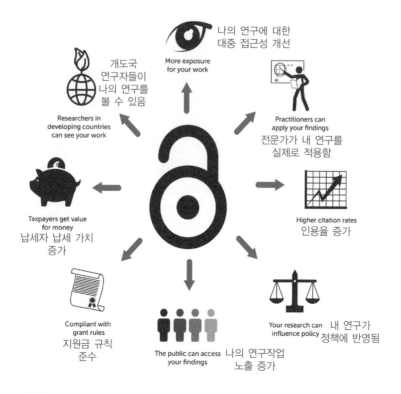

나의 연구에 대한
대중 접근성 개선
More exposure
for your work

개도국
연구자들이
나의 연구를
볼 수 있음
Researchers in
developing countries
can see your work

Practitioners can
apply your findings
전문가가 내 연구를
실제로 적용함

Taxpayers get value
for money
납세자 납세 가치
증가

Higher citation rates
인용율 증가

Compliant with
grant rules
지원금 규칙
준수

The public can access
your findings 나의 연구작업
노출 증가

Your research can 내 연구가
influence policy 정책에 반영됨

그림 38 : 오픈 액세스의 장점

오픈 액세스(그림 38 참조)에는 여러 장점들이 있다. 중요한 것은
지식에 대한 가치와 질은 반드시 유지하고 지켜야 한다는 것이다.
현재 이 작업은 해당 학술지 등의 편집자들이 책임지고 있으며 종종
동료 연구자들도 도움을 준다. 이러한 방식은 분명 지속될 것으로

보이나, 다른 방안의 모색도 가능한데, 예를 들면 해당 자료들에 대해 사용자들이 공개 검토를 제공하는 소위 '크라우드소싱 형식'이 대안이 될 수 있을 것이다.

또 하나 주목해야 하는 것은 지식의 활용이다. 지식은 활용해야만 가치가 있다. 서로의 언어를 이해한다는 것은 초융합적 혁신에서 매우 중요하다고 볼 수 있다. 다양한 배경을 가진 사람들이 참여하여 함께 하나의 명제를 개발하는 일이기 때문이다. 단순히 과학적 저널의 공개와 공유만으로는 오픈 액세스가 초융합적 혁신이 추구하는 가치 창출을 담보한다고 볼 수는 없을 것이다. 하지만 지식을 자유롭게 사용할 수 있다는 것은 필수 단계는 아닐지언정 중요한 단계임에는 틀림이 없다.

오픈 액세스의 기본 원칙은 2003년 '자연·인문과학 지식 오픈 액세스에 관한 베를린 선언(Berlin Declaration on Open Access to Knowledge in the Sciences and Humanities)'에 담겨 있다. 네덜란드 대학교와 연구기관 등 여러 국제과학연구조직이 베를린 선언에 서명했다. 베를린 선언은 다음과 같은 목적을 가지고 있다.

정보를 충분히 자유롭게 사용하지 못하면 지식 확산이라는 우리의 사명은 완수되지 못할 것이다. 지식 확산의 새로운 가능성은 전통적인 방식뿐만 아니라 인터넷을 통한 오픈 액세스 패러다임으로 보다 적극적으로 지원해야 한다. 우리는 오픈 액세스를 과학계가 인정했던 바대로 인류 지식과 문화유산의 포괄적인 원천으로 정의한다.

지식에 대한 글로벌 접근성 확대라는 비전을 실현하기 위해 미래의 공유 공간은 지속가능해야 하며, 상호적이고, 투명하게 관리되어야 한다. 컨텐츠와 소프트웨어 도구는 반드시 누구에게나 접근 가능해야 하고, 호환성을 갖추어야 한다.

5.3.

공급자 참여형
공동 혁신

공급자 참여형 공동 혁신: 손뼉도 마주쳐야 소리가 나는 법!

마스트릭트 대학 구매와 공급관리학 교수 프랭크 로즈메이어(Frank Rozemeijer) 기고

    기업이 공급업체와 함께 혁신을 도모하는 경우가 점점 늘고 있
다. 1980년대 초반, 자동차회사 포드(Ford)는 자급력 70퍼센트를
자랑하던 수직 통합구조의 기업형태를 버리고, 사업의 70퍼센트
를 외주로 전환했다. 처음에는 기술 지식과 혁신역량을 공급업체
에게 잃는 것이 아닐까 하는 두려움이 있었다. 하지만 실제로는
공급업체가 훨씬 더 깊은 지식을 보유하고 있었고, 더 빠르고 더
나은 혁신을 실현할 능력을 갖추고 있음이 드러났다. 심지어 포

드 혁신의 위험과 비용을 줄이는 데 도움을 주기도 했다. 자동차 제조사들은 대부분 포드의 전철을 밟았다. 오늘날 자동차 산업은 외주혁신 활동의 규모, 개발활동, 혁신 역량, 수익성과 높은 상관관계가 있음을 알고 있다(퀸, 2000).

'크랄직 포트폴리오 구매모델'을 고안한 피터 크랄직(Peter Kraljic)은 이렇게 말했다. "구매의 미래는 공급망 전체 최적화, 공급망 파트너 사이의 윈-윈에 달려 있다." 그의 견해에 따르면 공급업체는 신규 제품과 프로세스 개발에 참여할 뿐만 아니라 완전히 새로운 가치 명제와 비즈니스 모델 개발에도 참여해야 한다.

공급업체가 혁신에 기여할 수 있는 방법은 많다(O'Brian, 2014). 공급업체는 자신의 입장에서 시장에 새로운 제품을 소개하고자 하는 내부 동기와 목표를 가지고 혁신을 제안할 수 있다. 특정 분야에서는 그들의 고객과 함께 혁신에 동참할 수 있다. 이후 혁신은 둘 중 한 가지 방식으로 나타난다. 공급업체가 특정 고객에 한하여 혁신을 제안하는 방식과 시장 내 모든 고객 또는 다른 시장의 고객과 함께 하는 방식이다. 여기에는 네 가지 유형의 혁신 시나리오가 가능하다.

첫 번째 시나리오는 일방적으로 모두에게 개방하는 혁신이다. 혁신 프로젝트는 주로 공급업체가 주도하며, 특정한 고객에 맞추지 않는다. 신제품은 공급업체가 정한 시점에 전체 시장에 공개한다.

두 번째 시나리오는 공동 혁신이다. 혁신 프로젝트는 공급업체와 고객의 공동 과제가 된다. 고객은 공급업체를 도와 제품 및 프로세스 혁신을 돕는다. 보통은 공급업체와의 관계에 투자하고, 공급업체가 목표하는 품질을 달성할 수 있도록 지원한다. 이 역시 공급업체 발전사업이라고 할 수 있다. 혁신활동의 결과는 고객이 점유하지 않고 다른 고객과도 공유할 수 있다.

세 번째 시나리오는 일방적인 고객 중심 혁신이다. 공급업체는 특정고객에게 혁신을 제안한다. 이 특정 고객과의 비즈니스를 증대하겠다는 목표가 있다. 혁신이 일방적이기 때문에 고객은 이를 예상하지 못한다. 다시 말해 공급업체가 실제로 이 고객과 비즈니스를 증대할 수 있을지는 확실하지 않다.

마지막 시나리오는 고객 중심 공동 혁신이다. 이런 유형의 혁신은 가장 흥미롭기도 하고 양 파트너는 경쟁우위 확보 가능성이 있다. 이 시나리오에서 제품과 프로세스 혁신은 고객과 공급업체 간의 긴밀한 협업의 결과물이다. 대개 큰 변화가 동반되며, 상호 배타성을 가진다.

로얄 아우핑(Royal Auping) 🔍

프랭크 로즈메이에 교수와의 인터뷰, 2013

로얄 아우핑은 업계 최강, 최고의 경쟁력을 갖춘 공급망을 구축하기 위하여 많은 노력을 했다. 세계 최고의 침대 제조사가 되겠다는 야망이 있었기 때문이다. 로얄 아우핑은 아우핑 우선공급자 프로그램(APS)를 통해 '아우핑과 함께한 밤, 더 상쾌한 일상'이라는 아우핑의 주요 브랜드 약속 실현에 기여할 수 있는 공급사와 장기 관계 구축에 나섰다. 아우핑의 구매 관리자는 공급회사들이 이해관계자와 소통하면서 관련 시장 정보를 수집할 수 있도록 사회관계망서비스(SNS)를 사용하도록 독려했다. 하지만 SNS는 우선공급사와 아우핑의 여러 부서들 사이의 협업을 촉진하기 위한 목적으로 주로 사용되었다.

이들은 소셜캐스트(www.socialcast.com)를 사용했는데, 이를 통해 아우핑 직원들과 우선공급업체가 아이디어를 교환하고, 논의하며, 기술, 공급시장 또는 전략 테마 등에 대한 특정 토론 그룹에서 나온 업데이트 정보를 공유했다. 우선공급업체 전부가 하나 이상의 토론 그룹에 참여한다. 아우핑에는 책임전문가(RE)로 구성된 팀들이 존재한다. RE는 제품개발, 생산, 기획, 구매 등 부서 대표자들이다. 각 RE는 자체 프로필 페이지를 운영한다. "공급업체는 자신들의 혁신 아이디어를 온라인 플랫폼으로 공유하고 아우핑 RE들과 자유롭게 토론합니다. 이런 활동은 우선공급업체들이 우리 회사에 만들어준 가치에 대한 좋은 인사이트를 제공합니다"라고 구매 관리자는 말했다.

공급업체 마케팅과 판매전략에 따라 이들이 일방적 혁신을 추진할지, 공동혁신을 추진할지가 정해진다. 필립 코틀러(Philip Kotler, 2016)는 최근 저서에서 비즈니스 전환은 공급사와 이들의 전략 고객과의 독특한 협업이 전제되어야 한다고 밝혔다. 즉, '공동가치혁신'이라는 개념이다. 최종 사용자를 위한 더 많은 가치를 찾아 새로운 길을 같이 만들어가는 일이다. 공급업체와 고객은 엄청나게 많은 '파괴적 발상'을 만들어 내고, 필요하다면 자신의 조직과 직원들을 변화시킬 의지도 보여야 한다.

또한 영업적 생각에서 벗어나야 한다. 어떤 가격에 더 많은 제품을 팔겠다는 생각에서 혁신적인 협업을 통해 전략적 고객을 위해 만들어낼 수 있는 새로운 가치를 탐색하고 실현하는 방향으로 시야를 넓혀야 한다. 이렇게 하려면 판매자와 고객 관리자는 전략적 고객의 프로세스와 역량에 대한 깊은 이해와 정보를 가지고 있어야 한다. 그리고 자신의 조직에 대해서도 잘 알아야 한다.

시장 최고의 공급자는 자신들의 고객과 협업하기를 원하고, 이들과의 관계에 투자할 준비도 되어 있다. 하지만 이들은 투자에 대한 대가를 기대하기 마련이다.

다시 말해 이들이 고객들에 제공하는 가치들(제품, 서비스, 혁신)은 이들이 동등한 대가로 돌려 받을 수 있어야 한다. 공급자가 제공하는 가치는 특정 영역의 지식과 정보일 수도 있고, 공급자 조기참여, 공급자 개발, 공급자 인센티브, 적시 결제, 매출 보장 등 여러 가지 형태로 존재한다. 공급자에게 무엇이 중요한지가 늘 명확한 것은 아니기 때문에 램지(Ramsey et. al, 2007) 등은 구매 전문가라면 조직차원의 공급 행위에 더 관심을 기울여야 한다고 주장한다.

구매전문가들은 공급자의 동기, 의도, 희망 사항 등을 체계적으로 고려해야 한다는 의미다. 공급자가 고객에게 더 많은 가치를 제공할 수 있도록 '유인'하기 위해서 공급자를 움직이는 동기를 완벽하게 이해할 필요가 있다.

일부 선도기업들은 이미 공급업체들과 혁신을 같이하고 있다. 유니레버(Unilever)는 신임 CEO 폴 폴만(Paul Polman)의 주도로 2009년 지속가능한 성장을 위한 전략 '콤파스(Compass)'를 발표했다. 폴만은 회사의 환경적 영향을 반으로 줄이고, 긍정적인 소셜 임팩트를 강화함과 동시에 회사 규모를 2배로 확장하기 위한 명확하고 호소력 있는 비전을 제시했다. 물론 이를 실행하는 것은 말처럼 쉽지 않다. 매출을 두 배로 늘리는 과정에는 마케팅(신규시장 개발), 영업(제품 판매 증가), 연구개발(신제품 개발), 생산(생산능력 증대) 등 이만저만한 노력이 필요한 것이 아니다. 회사 경영진은 애초부터 혁신, 지속가능성, 비용절감 부문에서 자신들의 주요 공급업체의 적극적 지원이 없으면 이 야심찬 목표 달성은 불가능하다는 것을 알고 있었다.

유니레버의 CPO 마크 엔젤(Mark Engel)은 자기 결정권이 있는 주요 공급업체들이 외부에서 요구하는 방향으로 움직여주지는 않을 것이라는 것을 너무 잘 알고 있었다. 그래서 그는 가장 중요한 공급업체 350개가 모인 회의에서 새로운 전략을 설명하기로 결심했다. 그는 회의 전 참석 대상업체에게 유니레버의 혁신 품질에 대한 의견을 광범위하게 조사했다. 조사 결과, 공급업체들에게 유니레버는 가장 매력적이거나 혁신적인 고객이 아님을 분명히 알게 되었다. 이후 공동 혁신을 위해 엄청난 개선활동이 이루어졌다.

얼마 지나지 않아 CPO는 '승리하는 파트너(Partners to Win)' 프로그램을 발표했다. 유니레버가 공급업체의 혁신역량에 접근할 수 있기 위해 전략적 공급업체들이 유니레버를 '고객으로 선택'하도록 만들겠다는 것이 목표였다. 공급업체가 최고의 아이디어를 그들이 선택한 가장 매력적이고 혁신적인 고객과 먼저 공유한다는 것이 포인트다. 상호신뢰를 구축하고, 관계를 개선해 나가면서 유니레버는 사업개발(양적 성장과 제품역량 포함), 공동 혁신(신기술과 신제품 공동개발) 부문에서 견고한 관계를 구축할 수 있었다. 이 전략은 유니레버에 중요한 역할을 했다. 유니레버 최고구매경영자인 다발 버치(Dhaval Buch)는 최근 세계구매대회의에서 유니레버 혁신의 72퍼센트는 이미 '공급파트너 주도'에 의한 것이었다고 말했다.

유니레버처럼 공급 업체의 빛나는 혁신 아이디어를 제일 먼저 들고 싶다면, 혹은 그들이 복잡한 문제를 해결하는 데 협력대상으로 당신의 회사를 선택하게 하고 싶다면, 다른 고객보다 한 발 먼저 나서야 할 것이다.

손뼉도 마주쳐야 소리가 난다. 고객과 공급사는 주도적으로 서로를 선택해야 한다. 1998년, 스티브 잡스는 포춘지에 혁신은 연구개발에 들이는 돈과 상관없다고 말했다. 그는 애플에 맞는 뭔가를 만들어오라고 세부적인 과제를 공급사에 주기보다는 어떤 문제에 대한 답을 찾는 과정에 파트너를 참여시키는 데 더 집중했다.

아이팟, 아이폰, 아이패드 출시에 참여했던 공급업체들은 그냥 적시 적소에 있었던 것이 아니다. 이들의 참여는 까다로운 선택 과정의 결과(어떤 업체가 우리가 진정으로 혁신하는 데 도움이 될까?)이자 혁신을 위한 환경 조성의 결과였다. 그렇다. 모든 것은 잘 준비된 계획에 의한 결과물이었던 것이다.

PART 6

초융합적 혁신을
위한 가상·디지털
공간

6.1.
사람과 사람의 연결:
크라우드소싱, 공동창조 및
초융합적 혁신

ICT 기술의 발전은 의심의 여지 없이 새로운 지적 자본을 창조하고, 공유하며, 사용하는 데 새로운 기회를 제공했다. 초연결성의 시대는 모든 사물과 사람의 연결이 가능한 세상을 만들어 가고 있다. 그 결과 다양한 사회관계망(SNS)을 통해 새로운 '지식의 발견'이 발생하고 공유되고 있다. 전문성을 바탕으로 한 시스템('옐로우 페이지'), 이노센티브(Innocentive) 같은 크라우드소싱 시스템, 위키피디아 등의 웹 2.0 환경이 부상했고, 협업과 집단지성(Iske & Boersma, 2005)이 활성화되고 있다. 페이스북, 트위터, 링크드인 속의 게시물들은 언뜻 보면 아무 상관이 없어 보이지만, 뜻밖의 많은 발견과 그로 인한 가치가 생성되고 있다. 그것은 찾는 사람에게만 보이는 가치다. 무형자산(정보, 돈)의 거래 장벽은 점점 낮아지면서 우리는 IoEE(Internet of Everyone and Everything)에 다가가고 있다. IoEE란 모든 사람과 모든 사물의 인터넷이라는 의미다. IoT에서 한 발 더 나아간 상태로 기계 간(센서, 모바일 장치, 자동차, 가전제품 등) 소통능력이 향상되고 있다는 사실을 알려준다.

사람과 사람의 연결 : 크라우드소싱, 공동창조 및 초융합적 혁신

기술은 지식을 공유하고 결합할 수 있는 기회를 증가시킨다. 인터넷의 본질은 정보교환을 점점 더 쉽게 만들어준다는 데 있다. 누구나 타인의 정보에 접근할 수 있고, 누구나 다른 사람과 정보를 공유할 수도 있다. 인터넷 기술의 혁명에 기반한 초연결성의 시대는 정보기반 거래비용이 획기적으로 감소했다고도 말할 수 있다.

정보와 지식은 사람과 사람, 사람과 기계, 기계와 기계를 오가며 교환할 수 있다. 디지털 시스템은 모든 유형의 교환을 지원하며, 다른 사람, 다른 장소, 다른 시간의 지식을 자신의 지식과 결합시켜준다. 이는 동시에 다른 환경의 지식을 적용할 수 있는 기회를 창출한다.

크라우드소싱은 다른 환경에서 들어온 지식의 빗장을 해제하여 공동창조로 이끈 사례다. 크라우드소싱 부문 최초의 온라인 회사는 이노센티브(Innocentive)였다. 이노센티브는 크라우드소싱 시스템으로 1998년 엘리 릴리(Eli Lilly)라는 제약회사의 창업육성기관에서 탄생했고, 2001년 회사가 설립되었다. 모든 연구개발 활동을 자체적으로 수행하자는 것이 아니라 여러 곳에서 개발한 지식을 활용해보자는 의도로 시작되었다. 챌린지(크라우드소싱 용어로서의 '챌린지')와 지식 캐리어가 서로 조우하는 인터넷 기반 환경에서는 솔루션으로 이어지는 새로운 조합들이 현장에서 바로 나타난다. 이는 문제의 '솔루션·해결사'를 찾는 개방형 혁신의 본질적 특징이다.

이노센티브는 현재 풍부한 지식 원천이라고 할 수 있는 방대한 커뮤니티(200여 개국 출신의 '해결사' 40만 명으로 구성)를 제공하고 있다. 이 커뮤니티는 문제를 파악하고 가능한 해결책을 찾는 집단 인지공간이다. 2011년까지 약 1,300건의 문제가 올라왔고, 성공율은 약 50퍼센트 정도였다. 제안된 솔루션은 24,000건이 넘었고, 866건의 상금이 제공되었는데, 총 2,800만 달러가 넘는 금액이 지급되었다(상금은 건당 5,000 달러에서 100만 달러 정도로 문제의 복잡성과 기여도에 따라 책정된다). 이에 따라 온라인 협업을 위한 프로젝트 공간들이 나날이 구축되고 있다. 2011년, 이미 339,000개 이상에 달하는 공간이 만들어졌다(Sigismund et al., 2013).

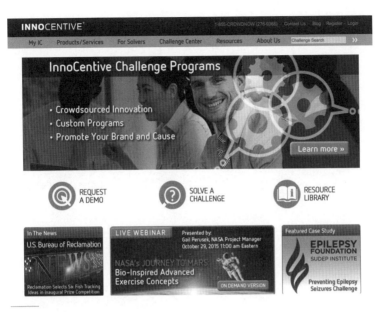

그림 39: 이노센티브 홈페이지

　새로운 파트너들이 뒤이어 커뮤니티에 모습을 드러냈다. 프록터 앤 갬블(현재 슬로건: '리서치 & 커넥트'), 보잉과 인텔 등이다. 최근에 와서는 비기술분야 파트너도 동참했다. 록펠러 재단은 크라우드소싱으로 사회문제에 접근하고 있다. 2006년에서 2009년 사이 록펠러 재단은 10건의 챌린지를 공개했고, 그 중 8건은 플랫폼 참여자들이 주로 해결했다.

　이노센티브 플랫폼에 연결된 사람들은 기존의 지식을 새로운 방식으로 사용하고, 새로운 맥락에 적용한다. 이 과정은 이후 개방형 혁신으로 발전된다. 지식과 지식 캐리어를 결합할 수 있는 기회들이 추가로 발생하여 새로운 적용도 가능하다. 그림 40은 어떻게 이런 과정이 부가가치 창출로 이어지는지 보여준다.

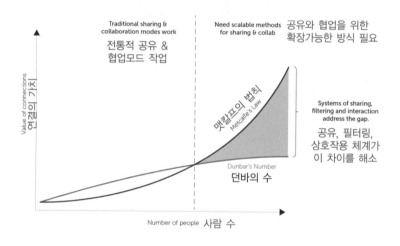

그림 40: 과거 실현되지 못했던 잠재력을 실현한 API (출처 http://bhc3.com/2010/01/19/why- smbs-need-social-software-dunbars-number-limits-metcalfes-law/)

멧칼프의 법칙(Metcalfe's Law)은 네트워크의 가치는 참여자 수의 제곱에 비례한다는 내용으로 $V(n) = n^2$ 로 표현할 수 있다. 한 사람이 더 많은 지식 원천에 접근할수록 문제를 해결하고 새로운 적용방식을 찾을 수 있는 능력은 커진다. 네트워크상의 각 연결지점 덕분에 네트워크 참여자는 이와 같은 능력의 혜택을 누릴 수 있다. 네트워크 이론에 따르면 n개의 연결로 완벽하게 구축된 네트워크가 제공하는 연결지점의 수는 ½ n (n-1) = ½ n^2 - ½ n과 같고, 이 말은 대형 네트워크의 연결지점의 수는 네트워크 크기를 네 배 확장한다는 의미가 된다. 하지만 이 효과가 실현되기에는 제약이 있다. 역사적으로 인간은 150명 이상이 모인(지식) 네트워크를 활발하게 유지하지 못해왔다는 사실 때문이다. 150이라는 숫자는 진화 심리학자 로빈 던바(Robin Dunbar)의 연구에 기초한 숫자다. 던바는 조언과 도움을 주고, 뉴스와 가십을 주고 받는 등 사회적 관계를 유지할 수 있는 사람의 숫자를 연구했다. 던바의 연구는 유사한 유인원 연구를 기초로 했다. 유인원의 사회적 네트워크 규모는 최대 35로 추정된다. 던바의 숫자로 알려진 이 숫자는 인간의 경우 148이다. 사람과 유인원의 차이는 인간은 유인원보다 대뇌신피질이 넓다는 데 있다. 여러 인류학 연구에서 150인 네트워크를 어김없이 확인할 수 있었다. 보통 한 가족이 보내는 크리스마스 카드 숫자를 생각해보라. 던바는 다음과 같이 말했다.

"달리 말하면, 술집에서 당신이 우연히 사람들을 만난 경우 초대하지 않았지만 함께 술을 마셔도 불편하지 않을 정도의 사람 수이다."

오딜즈코와 틸리(Odlyzko and Tilly, 2005)에 의하면 멧칼프의 법칙은 커뮤니케이션 네트워크의 가치를 과장했다고 주장한다. 이들의 주장은 한 사람이 네트워크에 추가하는 사람들이 모두 동일한 가치를 가질 수 없다는 것이었다. 오딜즈코와 틸리의 분석은 공식 $V(n) = n.\log(n)$ 을 통해 네트워크 크기가 n일 때 확장값에 도달한다. n값이 크면 클수록 멧칼프가 예측한 것보다 낮은 네트워크 값이 나온다.

이노센티브 같은 플랫폼은 기존 사회적 네트워크에 원래 참여하지 않았던 사람들과 새로운 조합을 구축하는 데 도움이 된다. 그 후 추가적으로 생산될 수 있는 가치는 지식과 환경의 새로운 연결을 기반으로 생성되며, 맥칼프 법칙의 '한계점'은 부분적으로 상쇄된다. 사회적 네트워크 자체는 증가하지 않지만(이 점에 대해서 페이스북 등이 우리를 믿어주면 좋겠다), 추가적인 새로운 가치 창출과 관계된 참여자를 찾기는 쉬워진다. 기존의 존재하는 시스템을 활용하기 때문에 추가적인 비용 없이 이들은 결과적으로 기존 사회적 네트워크에 가치를 더해준다. 비즈니스 네트워크는 사회적 네트워크와 완전히 다르다. 이는 '던바의 연구'에서 제시한 숫자가 비록 사회적 네트워크의 한계치에 도달했다 하더라도 조직구조와 필요한 시스템이 제대로 사용되면 비즈니스 네트워크는 더 쉽게 확장할 수 있음을 의미한다.

6.2.
기계와 기계 간의 연결 : API 경제, 초융합적 혁신의 산물

 디지털화란 종이가 전자 매체로 교체되는 현상이라고 생각하는 사람들이 종종 있다. 이제는 디지털 세계에서 잠재력을 완전히 실현하기 위해서는 조직 내 프로세스도 재설계를 거쳐야 한다는 것이 분명해졌다. 여러 프로세스 환경과 거래 환경 사이의 인터페이스는 정보와 활동의 끊임 없는 연결을 가능하게 하며 서비스와 제품의 새로운 조합을 탄생시킨다. 클라우드가 부상하면서 언제 어디서나 정보 접근이 가능해졌고, 새로운 조합의 가능성은 자연스럽게 증가하고 있다. 바로 iPaaS : integration Platform as a Service, '서비스로서의 통합 플랫폼' 이다. 디지털 통합이 물리적 세계로 이어지는 지금(제7장 참고), 협업에 대한 새로운 모델이 등장하고, 초융합적 혁신의 새로운 기회가 나타나고 있다.

iPaaS에서 초융합적 혁신은 다른 환경에서 기인한 활동과 정보를 다른 방식, 다른 환경에서 사용하며 새로운 가치를 창출한다는 의미이다. 그러한 연결을 가능하게 하는 조건은 여러 프로세스, 시스템, 조직 사이를 연결하는 투과성 있는 인터페이스다. 여기서는 지식의 투과성이 특히 중요하다. 앞에서 언급했다시피, 초융합적 혁신의 가장 기본적인 특성은 지식의 결합이다. 지식의 가치는 잠재력으로 말할 수 있는데 이에 대한 실현은 지식이 가지고 있는 잠재력이 어떠한 환경에서 효과적으로 적용할 수 있는지를 발견해 내는 역량에 달려 있다.

이와 맞물려 애플리케이션 프로그래밍 인터페이스(API)가 중요해지고 있다. 시스템과 정보 교환을 가능하게 하며, 정보가 원래 생성되었던 환경을 벗어나서도 가치를 창출할 수 있게 해주기 때문이다.

API는 다양한 정의로 이루어진 집합으로 이를 통해 컴퓨터 프로그램이 다른 애플리케이션과 커뮤니케이션 할 수 있다.

API는 여러 활용 단계의 계층을 분리함으로써 애플리케이션이 활용도가 높은 계층에서 구동될 수 있도록 하며, 활용도가 낮은 작업을 다른 프로그램으로 전환 시켜주는 역할을 감당한다. 예를 들어 그림 그리기 애플리케이션은 프린터 구동 방법을 알 필요가 없지만 프린트 스크립트 API를 통해 라이브러리에서 특별 소프트웨어 구성요소를 불러냄으로써 프린터와의 연결을 가능하게 한다.

API는 여러 언어를 사용하며 자신의 프로그램, 애플리케이션 등이 서로 커뮤니케이션 할 수 있게 해준다. 당사자들은 다른 사람들이 자신들의 데이터셋을 사용하여 API를 개발하도록 독려한다. 이런 방식으로 이들은 자신의 정보시스템의 콘텐츠를 더 많은 사람들이 사용하고, 애플리케이션 개발에도 이용하게 한다.

API 경제의 iPaaS – 개방형 플랫폼이 되라

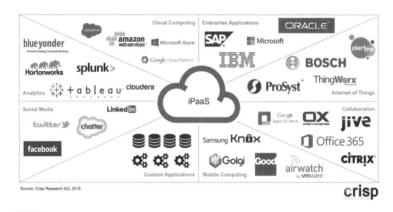

그림 41: API를 통한 정보교환으로 새로운 초융합적 비즈니스 모델을 개발할 수 있는 에코
시스템 구성

이러한 접근 방식은 초융합적 혁신의 기회를 셀 수 없이 많이 만든다. 이른바 API경제의 토대를 형성하여, 기존 정보를 새롭게 조합

한 애플리케이션이 새로운 가치로 이어질 것이라는 주장을 하는 사람도 있다. 즉 새로운 조합을 통해 잠재가치가 실현되는 것이다.

> API 경제에서는 기업들이 새로운 자산 분류를 생성하여 부가적인 비즈니스 가치를 창출하겠다는 목적을 가지고 자신의 내부 사업자산 또는 서비스를 웹 API형태로 외부에 노출시킨다.
>
> (커터 컨소시움 Cutter Consortium, 2013)

외부와 협업하면 자신의 자산에 가치가 더해진다는 사실이 점점 받아들여지고 있다. 낮아진 거래비용 덕분에 활성화된 공유경제가 표출된 것이라고 할 수 있다. API는 여기서도 하나의 환경에서 다른 환경으로 쉽게 정보를 전송하고 결합할 수 있다.

초융합적 혁신 관점에서 볼 때 API와 관련된 흥미로운 관찰 대상으로 헬릭스(Helix, www.helix.com)를 들 수 있다. 이 플랫폼은 인간 유전자를 활용하는 애플리케이션용 앱스토어가 되겠다는 목표를 가지고 있다. 일루미나(Illumina)라는 회사가 헬릭스에 투자하면서 인간 DNA 프로필 전체를 아주 낮은 가격에 제공했다. 일루미나는 인간 유전자를 그들의 데이터베이스에 저장하고 있다. 개발자들은 API를 통해서 자신들이 만든 애플리케이션이 이 정보를 활용할 수 있게 한다. 고객이 자신의 유전자에 애플리케이션 접근을 허락하면, 유전자 특성을 기반으로 개인맞춤 서비스를 개발할 수 있다. 주로 라이프스타일 조언, 투약, 임신 등과 같은 개인맞춤 의료 애플리케이션이겠지만, 의료 외 영역과 크로스오버 방식으로 초융합적 혁신을 흥미롭게 진행할 수 있다. 예를 들면 개인맞춤 생활, 건강 보험이 가능하고 은퇴 설계도 가능하다. 요약하면, 다른 정보 원천과 연결되기만 하면 완전히 다른 차원의 개별맞춤 서비스가 나타날 수 있다. 벤치마킹과 다른 통계적 방식이 적용될 수도 있다.

그림 42. 유전자 기반의 개인 맞춤 영양소 조언 (출처: www.helix.com)

기계와 기계 간의 연결의 다른 형태로는 자원관리를 위한 ERP시스템 등 백오피스 시스템 통합을 들 수 있다. 이를 통하여 조직 안팎의 협업의 효율성이 높아진다. 데이터와 정보흐름을 연구하여 새롭고 더 나은 공유 프로세스를 파악할 수 있고, 초융합적 혁신, 더 많은 협력과 상호가치 창출로 이어진다.

6.3.
사람과 기계의 연결: 로봇화, 빅데이터의 초융합적 혁신

다양한 사람들에 대한 정보나 사람들이 제공한 정보는 점점 더 많은 곳에 수집되어 보관된다. 예를 들어 우리가 일상적으로 하는 온라인상의 거래, 위치 정보(핸드폰 GSP, 일정 관리앱), 건강(스마트 워치와 운동 트랙커 등 웨어러블의 부상 등), 재정관리, 심지어 사회생활에 대한 정보까지 인터넷과 여러 데이터베이스에 펼쳐져 있다. 이른바 빅데이터에서 추출할 수 있는 지식은 엄청난 가치를 만들어낸다. 빅데이터 또는 스마트 데이터 분석은 패턴인식의 문제다. 이러한 패턴을 제대로 해석하면 예측에 사용할 수 있는 지식을 뽑아낼 수 있다. 빅데이터를 활용한 좋은 예는 신용평가에 활용한 사례다. 일반 회사와 사람들이 긴급한 재정 문제에 처했을 때 보여주는 결제 태도는

그런 문제를 갖고 있지 않은 회사와 사람들과는 매우 다른 양상을
나타냈다.

　빅데이터를 회사 프로세스에 사용할 때, '비즈니스 인텔리전스'라
고 한다. 사실 비즈니스 인텔리전스는 수 세기 동안 존재해 왔다. 그
원칙은 아드리아해 연안 항구 도시이자 지금은 두브로브니크로 불
리는 중세시대 라구사(Ragusa)에 적용되었다. 예를 들면, 떠돌던 상
인들은 잠재적 적과 동지에 대한 정보에 대한 질문을 받곤 했는데,
이 정보를 가지고 오토만 제국에서는 특히 연합세력에 대한 판단을
내리곤 했다. 새로운 약품에 대한 지식도 빠르게 활용되었다. 덕분
에 라구사라는 도시국가는 극심한 역사적 혼란의 중심에 있었지만
오랫동안 독립과 번영을 유지할 수 있었다.
　'비즈니스 인텔리전스'가 데이터 수집과 분석이라는 뜻으로 한정
된 의미를 가진다면, 사실 '인텔리전트 비즈니스'라는 말이 더 적합
한 표현인 것으로 보인다. 타일러 비겐(Tyler Vigen, 2015)이 쓴 '허구
적 상관관계(Spurious Correlations)'는 정보를 무책임하게 사용하고 조
합했을 때 나타나는 '거짓정보(disintelligence)'에 대한 재미있는 사례
들을 제시했다. 미국의 노르웨이 원유 수입과 기차와 자동차 충돌사
고로 인한 사망자 수의 상관관계가 그 예가 되겠다(그림 43 참조). 이
상관관계에서 원유 바이어는 리스크 모델에 철길 통과의 안전을 고
려해야 함을 알 수 있다.

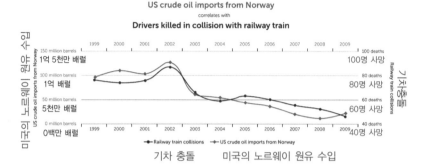

미국의 노르웨이 원유 수입과
기차 충돌로 사망한 운전자와의 상관관계

그림 43: 기차-자동차 충돌 사망사고의 수와 동일 기간 미국의 노르웨이 원유수입
(출처: http://tylervigen.com/spurious-correlations)

    사람들은 통상 활동의 흔적을 많이 남긴다. 여기서 초융합적 혁신의 기회가 무수히 생겨난다. 다양한 출처나 환경 속에서 나온 정보를 결합하여 조직과 개인이 다양한 의사결정 과정에 사용할 수 있는 새로운 인사이트를 생성할 수 있다. 우리는 2장에서 보았던 '코끼리 조합하기' 같은 상황을 무수히 마주친다. 여러 데이터의 결합으로 생성된 통찰을 다양한 상황에 적용함으로써 의사결정을 내리고 실천한다.

의료와 포뮬러원의 초융합적 혁신

빅데이터 관리의 아름다운 크로스오버 사례가 있다. 경주용 자동차 데이터 분석용 시스템을 심장에 문제가 있는 신생아의 심장병을 조기 발견하는 데 사용한 것이다. 맥라렌(McLaren) 경주팀의 피터 반 매넨(Peter van Manen)은 테드-엑스(니즈메겐, 2013) 무대에서 경주용 자동차의 모든 센서는 초당 2-4MB 데이터를 생성한다고 설명했다. 덕분에 레이서가 문제를 자각하기도 전에 정상의 상황에서 벗어나는 신호들을 발견할 수 있다.

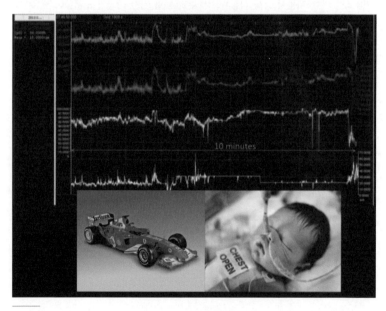

그림 44: 경주용 자동차의 센서 데이터를 분석하는 데 사용된 시스템으로 부정맥을 발견할 수 있다. (출처: 테드-엑스 토크 피터 반 메넨, 2013)

이 시스템이 심장병 환아에게 사용되었다. 환아들의 심장박동은 건강한 심장에서 볼 수 없는 불규칙성을 보인다. 그런데 이 불규칙 박동은 환자마다 다르다.

이 비정상 데이터를 경주용 자동차 센서에서 이상 데이터를 분석하는 방식으로 분석하여, 증상이 환자를 덮치기 전에 너무 늦지 않게 문제를 발견할 수 있다. 빅데이터 분석으로 절감한 시간의 의미는 삶과 죽음의 기로일 수도 있다. 마틴 엘리엇(Martin Elliott, 2015)에 따르면, 빅데이터 사용은 보건의료업계가 자동차경주에서 배울 수 있었던 여러 가지 중 하나였다고 말했다.

의료 관련 시스템에서 나오는 정보는 금융 정보와 결합하여 개인과 기관의 의사결정 지원 시스템으로 사용할 수 있다. 그렇게 되면 상당한 사회적 임팩트가 될 수도 있다. 예를 들어 어떤 여성의 DNA 분석결과 유방암 위험 또는 유전적 심장질환 가능성이 상당히 높게 나타났다고 하자. 이런 집단의 기대수명 통계는 낮게 나올 것이다. 그렇다면 이 집단의 퇴직 또는 의료보험 계획에 이러한 예측이 어떻게 반영되어야 할 것인가?

지금 영국 여왕처럼 건강한 유전자를 가진 사람들은 자신들의 예상생존연수에 따라 연금을 남들보다 더 오랜 기간 동안 수령할 수 있을 것이다. 만약 이와 반대로 기대 수명이 짧은 경우라면, 초기에는 고액을 수령하고, 나중에 수령액을 낮추는 방식을 선택할 수도 있다.

이는 개인적 특성과 집단적 특성의 문제다. 집단적 차원에서는 부담이 점점 커지고 있다. 흥미로운 점은 개인의 빅데이터와 여러 집단의 대형 데이터셋이 조합, 분석된 결과가 개인적 특성이 된다는 점이다. 이에 해당하는 예는 건강앱과 웨어러블의 사용이다.

그림 45: 피트니스 트래커 (출처: 마이클 하타모토 | 웨어러블 컴퓨팅 뉴스)

건강보험회사와 연금보험회사는 이러한 디바이스의 데이터를 수집하여 라이프스타일에 미치는 영향을 분석함으로써 위험모델을 개선할 수 있다. 고객은 개별맞춤 결과를 토대로 경제적으로 '보상'

받게 될 것이다. 이와 비슷한 시스템이 자동차 보험업계에 도입되었다.

네덜란드 자동차 보험회사인 페어제커링(Fairzekering)의 고객들은 자동차 내장 트래커를 받는다. 이 트래커가 생성하는 데이터는 대시보드를 통해 회사와 운전자가 제공받는다(그림 46 사례).

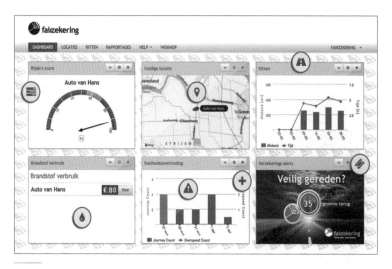

그림 46: 페어제커링의 사용자 대시보드

사용자는 자신의 데이터가 어떻게 사용되며, 누가 데이터에 접근할 수 있는지 알아야 한다. 이는 아무리 강조해도 지나치지 않다. 그렇지만 보험료 우대할인과 안전한 운행 등 사용자에게 돌아가는 부가가치가 제시된다면 효과적인 합의에 이를 수 있을 것이다.

의료와 예방의학 분야로 가면 상황은 훨씬 복잡해진다. 정보가 민감하고 의료비와 관계가 있기 때문이다. 건강영향채권(Health Impact Bonds)에 의하면 주요 과제는 시스템의 복잡성에 관한 것이다. 다양한 이해관계가 얽혀있고, 투자, 노력, 수입이 동시에 또는 한 곳에 나타나는 경우는 많지 않기 때문이다. 그럼에도 개인의료에 대한 발판은 점차 마련될 것이다. 건강 데이터와 다른 데이터 조합은 새로운 가치 창출의 기회로 연결될 것이다. 다시 말하면, 혁신이다.

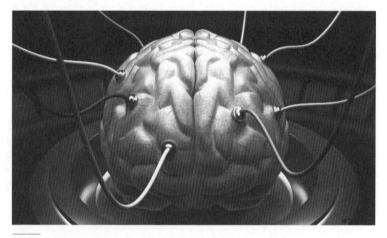

그림 47: 모든 사람과 모든 사물의 인터넷 (출처: 싱크스탁 Thinkstock)

즉 시스템 안의 지식과 누군가의 지식이 결합하면 더 나은 결정을 내릴 수 있도록 도와 준다. 외부 지식은 '제3의 뇌'라고도 알려져

176

있는데, Z 세대(1992년 이후 출생자)가 만들어 냈다고 한다. 결정지원 시스템은 복잡한 상황에서 결정을 내려야 하는 사람을 돕는다. 이는 GPS 네비게이션에서 주식거래, 의학적 결정 등, 이전 또는 외부 지식을 자기 자신의 지식을 지원하고 보완하는 데 쉽게 적용할 수 있는 모든 상황이 해당된다. 역시 초융합적 혁신이다. 지식을 이러한 방식으로 결합하면 문제해결의 새로운 기회가 나타난다. 자기 혼자만의 지식으로는 생성할 수 없었던 새롭고도 창의적인 대안이 떠오른다.

6.4.
기능성 게임
(Serious Gaming)

초융합적 혁신의 전체 내용은 '기능성 게임' 영역에도 존재한다. 기능성 게임은 학습 과정을 지원하기 위해 게임 콘셉트를 이용한 것이다. 잘 알려진 사례는 레고 시리어스 플레이(LEGO Serious Play ®)로 레고가 집단과 조직의 창의 프로세스를 지원하기 위해 개발했다. 기존 어린이 고객이 아니라 성인 전문가로 구성된 새로운 고객 집단을 발굴한 비즈니스 모델의 혁신이라고 할 수 있다. 인증된 레고 시리어스 플레이 트레이너는 그룹을 이끌며 이들이 문제점, 신제품, 고객 경험, 변화 프로세스 등을 시각화하고 논의할 수 있는 프로젝트 구축을 돕는다.

또 다른 분야에서는 컴퓨터 지원 게임 애플리케이션 활용이 늘고 있다. 주식시장 시뮬레이터는 고객을 대상으로 실제로 거래를 시작하기 전에 주식거래법을 가르친다. 투자전략과 시나리오 역시 투자자가 실제 거래를 성사시키기 전 테스트를 거친다. 이런 방식으로 금융이해력을 높이고 고객·투자자는 편안하고 쉬운 방식으로 지식을 테스트하고 늘려 나간다.

게임과 현실의 크로스오버는 초융합적 혁신 그 자체다. 게임은 초융합적 혁신의 메카니즘이기도 하다. 크라우드펀딩과 크라우드소싱도 어느 정도는 게임으로 간주할 수 있다. 문제가 게시되는 플랫폼의 수는 꾸준한 증가추세를 보인다. 개발자가 새로운 애플리케이션을 찾고 정보환경과 애플리케이션 세계를 연결하는 인터페이스를 구축하기 위해 데이터셋에 접근할 수 있게 해주는 API 챌린지를 이미 다루었다. 여기에는 종종 경쟁이라는 요소가 가미된다. 예를 들면, '승자'는 해당 데이터셋의 소유주와 함께 애플리케이션을 개발할 수 있다.

마지막으로 기능성 게임은 개방·초융합적 혁신에서 스킬을 개발하기 위한 도구로 사용된다(Bogers & Sproedt, 2012). 기능성 게임은 콜브와 콜브(Kolb & Kolb, 2010)가 개발했던 개방형 환경에서의 학습론과 잘 맞아 떨어진다.

메가농장에서 게임농장으로

출처: 로저 엔겔베르츠, 창의적 앙트프레너 이마그로 [농식품과 농촌지역을 위한 전략과 창의] 및 교수 공동 창의 앙트프레너십 하스 호허스쿨

당신이 속한 영역에서 뛰쳐나와 보라. 혁신이 다가올 것이다. 혁신은 비논리 조합의 결과인 경우가 많다. 다른 출구를 선택하여 수익성을 우회해 보자. 당시에는 존재하지 않았던 출구 말이다. 자신만의 길을 내고, 길을 닦아라. 가지 않은 길을 선택한다는 것은 용기, 실행력, 그리고 무엇보다 창의력이 필요하다. 융합의 힘은 공동 창조에 있다. 협업이다. 혁신은 다른 출구를 선택하는 것이다. 그 출구는 더 큰 다양성으로 안내한다. 혁신은 내적 동기가 필요하다. 혁신은 당신으로부터 시작된다. 당신이 가진 자질에 집중하라. IQ(지능)가 아니라 EQ, 당신의 감성지수(마음과 느낌), 당신의 PQ(부모성 지수, 당신의 전통, 당신의 뿌리, 당신의 습성), 당신의 SQ(양심지수, 당신의 영혼과 용기, 당신의 직관)에 대한 것이다.

의도적으로 사람들이 돌아다니게 만들어라. 2012년 1월 27일, 게임업계 CEO들이 다양한 낙농업자들을 만났다. 정말 현실로 믿기 어려운 경험이었다. 약 200주가 지난 2016년 2월 18일, 몇몇 영웅들이 세계 최초를 만들어냈다. 낙농업자 르네 베르문트(Rene Vermunt), 게임 개발자 핌 보우만(Pim Bouman)과 아리에 로엡(Arye Loeb), 퍼실리테이터 카렐 드 브리에(Carel de Vries)가 꿈을 실현시켰다. 세계 최초 게임 농장이 그것이다.

"핵심은 혁신이 아니라 혁신을 이루는 사람이다!"

우리의 영웅 르네 베르문트는 누구나 자신의 농장을 들여다보고 실시간 게임(www.superboer.nl)을 통해 온라인 농부 역할을 하도록 농장공개를 허락했다. 당신이라면 얼마나 공개할 수 있겠는가? 그에게는 슈퍼 농부라는 타이틀이 진정으로 어울린다. 그리고 핌과 아리에! 이들은 끈질기게 게임을 개발했다. 현실세계 데이터를 게임세계에 사용하는 것은 정말 특이한 시도였다. SFR 데이터(역자 주: SFR은 Special Function Register의 줄임말로 마이크로프로세서 내에서 기능의 여러 가지 측면을 컨트롤하거나 모니터하는 시스템인데 여기에서는 Straight from the Robot의 줄임말)와 한 장한 장 찍은 소의 사진을 사용하여 실제처럼 게임에 참여한다. 축사도 빠져서는 안 된다. 두 세계가 서로 만났다. 놀라운 연결이 이루어졌다. 아, 이두 세계는 서로에게 얼마나 배웠을까.

그림 48: www.superboer.nl의 웹사이트

6.5.
초융합적 혁신의
CIO

출처: 프리츠 버스마커, Frits Bussemaker, CIO-NET 사무총장

최고정보경영자 CIO(Chief Information Office)의 역할은 1980년대 초반 이 단어가 처음 도입되면서 계속 진화해왔다. CIO는 과거 메인 프레임이 자동 데이터 처리를 수행하던 전산센터 센터장이었다. 80년대 후반에는 회사에 개인용 컴퓨터가 등장했고, 사무자동화가 도입되었다. 90년대에 들어오면서 인터넷이 주류로 나타났고, 온라인 뱅킹이 도입되었다.

CIO의 고객층은 기술진화에 따라 바뀌었다. 처음에는 동료 직원

일부가 그의 고객이었다. 개인용 컴퓨터가 출현하면서 동료직원 전체가 고객이 되었고, 인터넷으로 고객은 더 늘었다.

그리고 업무는 합리적으로 일정한 수준이 유지되었다. 평균적인 '전통적' CIO는 자신의 왕국을 가진 왕이었다. 이들은 별도의 부서를 가지고 있었고 조직 전체 ICT에 대한 최종책임을 맡았고, 공급업체와 대형 거래를 협상하고 서명했으며, 조직의 디지털 전략을 제공했다.

미래의 CIO의 업무 모습은 달라질 것이다. 진행중인 사회적 디지털화 덕분에 디지털 전략이 있느냐 없느냐가 아니라 '전략이 디지털인가'에 대한 질문을 받게 될것이다. 최근 중요한 결정은 클라우드, 빅데이터, 보안에 대한 것이었다. 지금 이들은 ICT가 전체 비즈니스를 어떻게 지원할 수 있는가를 고민하고 있다. CIO는 더 이상 ICT 왕국의 주인이 아니다. ICT를 마케팅, 현업, 감독위원회, 새로운 최고디지털경영자 CDO와 공유해야 한다. 다 함께 새로운 비즈니스 모델과 업무 프로세스를 점점 복잡해져 가는 세계에서 만들어내야 한다. 협업이 필수인 세계에서 아이디어와 창의력은 '외부에' 존재할 수도 있다.

협업은 많은 경우 비용이 더 들지 않는다. 로날드 코어스(Ronald Coase)에게 1991년 노벨경제학상을 안겨준 거래비용론을 들여다볼 필요가 있다. 코어스는 테일러 모델을 인정하는 증거를 제공했다.

즉, 조직을 활용할 때 드는 비용이 아웃소싱보다 낮기 때문에 조직이 존재한다. ICT, 인터넷 등은 특히 은행을 포함하여 많은 조직들이 생존을 위해 외부와 협업해야 할 정도로 비용을 낮춰주었다.

은행이라면 어떤 전략을 선택할 수 있을까? 하나는 ICT를 붙잡는 것이다. ING 은행은 스포티파이 모델(Spotify model)을 선택했다. 트라이브(tribe) 또는 스쿼드(squad)라 불리는 자율성이 부여된 다전문분야팀을 만들었다. ING는 본질적으로는 소프트웨어 회사가 된 것이다. 전 네덜란드 중앙은행장 다위센베르흐(Duisenberg)는 은행은 대리석 문이 달린 컴퓨터에 불과하다고 말했다.

그림 49: 다위센베르흐가 정의한 은행: 대리석 문이 달린 컴퓨터

또 하나의 선택지는 진두 지휘의 역할을 맡고 은행을 플랫폼화하는 것이다. 이 길은 라보은행과 ABN AMRO가 선택했다. 이들은 핀테크 벤처와 협업을 진행하면서 엄청난 인수자금을 절감하게 될 것이다. 이 방식으로 창의성과 혁신의 힘을 외부에서 끌어들이려 한다. 이 때문에 라보은행은 최근 스타트업 부트 캠프 데모데이를 주관했다.

가능한 전략은 만들 수도 있고 살 수도 있겠지만 하나의 큰 공통분모가 있다. 모두 협업이라는 점이다. 미래의 CIO는 디지털 리더로서 내부, 특히 외부와의 협업을 통해 가치를 만들어내야 할 것이다. 이들은 플랫폼을 제공하여 다양한 만남이 성사되는 장을 마련해야 한다. 결국 개방형 혁신이라는 거대한 혜택이 돌아올 것이다. 여러 당사자들을 모아서 지식을 공유하고 조합하는 활동에서 뜻밖의 결과가 나타나고 다른 방식으로는 풀 수 없었던 문제의 해법도 손에 쥐게 될 것이다.

미래의 CIO는 초융합적 CIO다. 이들의 플랫폼은 다전문 분야팀을 결합하고, 전통적인 은행과 스타트업을 결합하고, 지역과 세계를 결합하며, 다자 파트너십과 회사프로세스를 결합할 것이다.

PART 7

초융합적 혁신을
위한 물리적 ·
실질적 공간

7.1.
생명 친화적 설계

협업과 지식 공유에는 물리적 거리, 언어장벽, 세대간 차이, 문화적 차이, 전문성의 차이 등 많은 장애물들이 있다. 즉 사람들 사이에 유대관계가 생기고 대화를 통해 같이 할 수 있는 일을 논의하고, 공동의 목표를 추구할 때에만 지적 자본을 진정으로 공유하고 확대할 수 있다. 물리적 환경은 확실히 인간의 행동에 강한 영향을 미친다. 따라서 자연스러운 활동이 이루어질 수 있는 공간 마련은 가치 있는 일이다. 지난 몇 년 동안 사회적 집단지성 프로세스 지원에 대한 관심이 상당히 높아졌다.

생명친화적 설계

사회관계망서비스, 협업 도구, 원격회의 등 기술적 도구가 등장하면서 이로써 지식을 활용하고, 탐색하고, 조합하고, 사용하는 데 중심적 역할을 담당하고 있으며 그 비중은 계속 증가하고 있다. 디지털 공간은 빠르게 발전하고 있으며, 검색엔진, 이노센티브, 위키피디아, 유튜브, 테드닷컴 등 개방혁신과 크라우드소싱 플랫폼이 그 산물들이라고 할 수 있다.

또한 초융합적 혁신의 디지털화가 비중 있게 진행되고 있다. 디지털 회의는 실제 회의를 아직 완전히 대체하지는 못하는 것으로 여겨진다. 하지만 개인이나 조직은 물리적 회의 참석의 충분한 부가가치가 확인되는 경우에만 회의장으로 향하게 될 것이다. 물리적 공간이 어떻게 초융합적 혁신을 유인할 수 있을까?

창의적인 협업 프로세스에는 영향을 미치는 다양한 측면들이 존재한다. 다벤포트(Davenport)는 저서 《실제 업무공간과 지식업무 성과 *The Physical Work Environment and Knowledge Work Performance*》에서 이를 다루었다. 이 중요한 측면들에 대한 연구는 광범위하게 이루어졌는데 소위 '미래센터(Future Centers)' (Kune, 2008)가 초반에 이를 주도했다. 미래센터는 7.3장에서 자세히 다루기로 하겠다. 현재 전 세계적으로는 대략 30개 정도의 미래센터가 있는데, 상당수는 ABN AMRO의 다이얼로그 하우스를 포함하여 네덜란드에 위치해 있다 (7.4장 참고).

대부분의 일하는 사람은 시간의 90퍼센트를 건물에서 보낸다. 건물과 내부 인테리어는 사람의 감성과 행동에 큰 영향을 미친다. 오늘날 미학적 요소와 인간 중심의 환경이 얼마나 중요한지에 대한 사회와 기업의 인식은 높아졌다. 주변 환경이 과거에 생각했던 수준보다 인간의 행동에 훨씬 큰 영향이 있다는 증거가 속속 나오고 있다. 건축 인테리어 디자인에서 인간 중심적 요소의 비중이 증가하는 이유이기도 하다.

생명친화 디자인 또는 '삶을 위한 건축'이라는 개념은, 인간을 생물학적 욕구에 깊이 뿌리 박힌 생명체로 보고, 이를 고려한 디자인 방식이다. 자연은 학습하고, 치유하고, 활동하는 데 필요한 모든 요소를 제공한다. 생명친화적 디자인 역시 다른 생명과 연결되고 싶어하는 본능을 지칭하는 생체모방, 자연모방, 생명사랑과 같이 분류된다. 간단히 말하면 인간의 환경에 가능한 많은 자연적 요소를 들여놓는 디자인으로 정리할 수 있다. 생명친화 디자인 원칙에 대한 개요는 브라우닝 외(Browning, et.al., 2014)에 잘 설명되어 있다.

아름다움은 정신건강에 도움이 된다. 놀이와 운동 역시 건강한 근무환경 조성에 중요한 요소다. 사람은 평균적으로 자는 시간(하루 7.7시간)보다 앉아서 보내는 시간(9.3시간)이 더 많다. 앉는다는 것은 새로운 형태의 흡연이라고도 한다. 현재의 사무실과 회사 문화는 사람을 맞아들이거나, 이동을 독려하는 분위기는 아니다. 사람을 맞이하는 공간이라면 어디에나 서비스와 환대라는 요소가 들어있다. 환대라는 말에는 누군가 도착하는 그 순간부터 그 브랜드만의 방식으로 쾌적한 환경을 만든다는 의미가 들어있다.

7.2.
경계 없는 공간

초융합적 혁신을 위한 공간을 조성하려면 물리적으로 어떤 것들이 필요할까? 우리는 새로운 조합을 위한 환경으로 '경계 없는 공간'이라는 개념을 탐구해보고자 한다. 뜻밖의 발견, 즉 세렌디피티 프로세스가 혁신과 지식업무를 수용하는 열쇠다(Iske & Rinkens, 2009).

경계가 없는 공간에서는 사람들이 만나고, 생각하고, 일하며, 재미를 찾고, 함께 창의활동을 한다. 더불어 협업 공간이기 때문에 사람들이 새로운 길을 함께 탐색하기도 한다. 경계가 없는 공간에서는 계획에 없던 회의를 하기도 하고, 새로운 사람과 조직들이 합류하고, 아이디어와 이상, 통찰을 교환한다. 이런 환경의 물리적 측면은 앞에서 설명한 활동들을 지원하기 위해 존재한다.

무형적 측면은 유형적 측면과 똑같이 중요하다. 경계가 없는 공간에는 '영혼'이 있어야 한다.

경계가 없는 공간의 미션은 '연결과 재생(connective renewal)'을 통한 가치 창출에 있다. 협업, 혁신, 앙트프레너십, 지식공유, 지속가능성 등 핵심 개념을 중심으로 가치는 창출된다. 뜻밖의 발견은 중요한 메커니즘이다. 새로운 조합은 예상하지 못했던 가치 있는 결과로 이어진다. 이러한 결과는 특성상 매우 다양하게 나타나며 여러 이해관계자 집단의 기대를 충족할 수 있다.

경계 없는 공간은 다음 네 가지 요소에 집중한다.

❶ 매력적인 회의공간 조성

경계 없는 공간은 산뜻한 시설과 우수한 프로그램을 통해 사람들이 공식 비공식적으로 만날 수 있는 공간의 매력을 높여야 한다. 방문자와 사용자들은 자신들이 보고 싶은 사람들을 만나는 것이 중요하다. 음식 서비스 역시 중요하다. 맞춤식으로 유연한 스타일이어야 하며, 여러 컨셉을 동시에 제공할 수도 있어야 한다. 예를 들면 간단히 먹을 수 있는 음식부터 또는 격식 있는 식사까지, 탄산음료부터 완벽한 카푸치노까지 제공할 수 있어야 한다.

❷ 프로그램 제공: 경계 없는 아카데미

프로그램은 대화와 정보가 흐르는 편안한 환경을 조성하기 위해 반드시 공동창의 활동에 기초하여 구성해야 한다. 그렇게함으로써 경계 없는 공간의 파트너가 중요한 역할을 할 수 있게 해야 한다. 누구든지 아이디어나 의견을 낼 수 있고, 누구나 경계 없는 공간의 주제와 목적에 관련 있는 무언가를 해보려는 의욕을 드러낼 수 있는 공간이어야 한다. 지식 연구소는 혁신과 앙트프레너십에 관한 교육과 연구 프로그램을 내놓을 수도 있다. 경계 없는 공간은 그 자체가 실용적 협업 실험실로 다양한 유형의 프로세스를 제공한다.

❸ 학생과 전문가를 위한 작업과 연구공간 조성

경계 없는 공간 내 공간이 다양하기 때문에 협업과 연구에 매우 적합하다. 경계 없는 항구로 '스마트 워킹 센터'를 따로 분리된 공간으로 조성하는 것도 좋다. 사람들이 '닻'을 내리고 일하고 토론하고 공부할 수 있도록 말이다. 유연한 작업공간, 회의실, 워크샵 공간을 제공하며, 와이파이와 화상회의가 가능한 시설을 갖추고 있다. 즉 지식 전문가의 활동에 필요한 모든 것을 갖춘 공간이다.

❹ 혁신 앙트프레너십을 위한 인큐베이터 인프라 구축

경계 없는 공간은 스타트업처럼 실험실 또는 광범위한 기술 시설이 아직 필요하지 않은 회사가 선택할 수 있다. 인큐베이터는 앙트프레너에 의한, 앙트프레너를 위한 것이다. 경계 없는 공간은 지식, 네트워크, 잠재적 고객, 직원 그리고 동료 앙트프레너 등 풍부한 지적 자본에 접근할 수 있는 기회를 제공한다. 환경은 자극을 제공하고 분위기를 활성화한다. 경계 없는 공간은 그 외 비공식 투자자의 '스마트 머니', 코칭, 공유 서비스, 음식 서비스를 포함하여 여러 시설 등을 제공한다.

경계 없는 공간의 인테리어는 가치 있는 회합이 이루어지게 디자인한다. 이탈리아에는 패시자타(Pesseggiata)라는 전통문화가 있다. 마을 주민 모두가 저녁에 거리로 나와 이야기를 나누면서 즐기는 저녁 산책문화를 말한다. 경계 없는 공간 환경은 방문자 누구나 격식 없는 편안한 분위기 속에서 평소에 잘 만나지 못하는 사람들과 교류하는 기회를 제공한다. 업계를 이끌어가는 인물, 공공행정기관의 기관장, 연구원, 스타트업, 학생 등 다양한 조우가 가능하다.

컨퍼런스, 강의, 워크숍, 공연에도 이 공간을 활용할 수 있다. 경계 없는 공간이 제공하는 프로그램은 '아웃사이드-인'에 초점을 두고 다양한 세계를 연결한다. 사용자가 생성한 컨텐츠도 활용할 수 있다. 즉 여러 사람들이 시작한 이벤트가 '공동 오너십'을 발전시키는 데 중요한 역할을 할 수 있다.

경계 없는 공간의 기술은 이곳에서 이루어지는 활동과 프로세스를 지원한다. 기술은 이곳의 물리적 한계를 극복하는 데에도 도움이 된다. 이상적으로는 경계 없는 공간과 외부 세계 사이에는 경계가 없어야 할 것이다. 웹캐스팅, 내로캐스팅(역자주—방송 즉 브로드캐스팅에 대비되는 지역적, 계층적으로 한정된 시청자를 대상으로 하는 방송), 기타 인터넷 기반 커뮤니케이션뿐만 아니라 화상회의 같은 도구를 잘 활용하면 경계 없는 공간의 활동범위를 상당히 넓혀줄 수 있다.

경계 없는 공간의 일부는 다양한 지식업무를 위한 '착륙장'의 역할을 한다. 회사에서 멀리 떨어져 근무하는 소속 직원 또는 이 공간을 최고의 업무공간으로 생각하는 사람들이 이따금 또는 시간이 될 때마다 들려 최신 시설이 갖춰진 업무공간을 활용할 수 있도록 하자는 의도이다. 이는 고용주의 입장에서도 득이 된다. 출근시간을 줄이고, 다른 사람들도 만나고 초대할 수 있는 더 효과적인 공간에서 일을 하게 되면 생산성이 높아질 것이기 때문이다. 1인 전문가 또는 소규모 회사 역시 경계 없는 '항구'를 유연한 근무지 또는 회의장소로 활용할 수 있다. 이는 스마트워킹과 같은 최신 경향과 일치한다.

7.3.
미래센터

출처 : 행크 쿤(Hank Kune)

    미래센터의 발상은 과학실험실, 산업연구개발센터, 정부 싱크탱크와 같은 풍부한 역사에서 시작되었다. 19세기 후반 미래지향 연구소들이 여러 형태로 나타났다. 대표적 사례는 케임브릿지 대학의 카벤디쉬 실험실, MIT 미디어랩, 필립스 냇랩, 제록스 팔로알토 연구센터(PARC), 미국의 랜드 연구소, 로마클럽 등이다. '정부 전체를 위한 미래센터'는 아직 존재하지 않지만 기존 센터와 정부의 혁신사업에서 많은 교훈을 얻을 수 있다.

실제 미래센터
실제 미래센터의 활동과 영향력을 느끼고
살펴보면서 배울 수 있다.

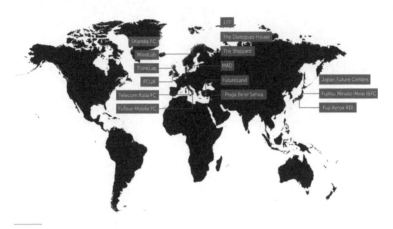

그림 50: 미래센터 현상은 전 세계로 확산되었다.

  '지식경제'라는 말이 널리 알려지면서 지식집약 조직들은 지식공
유, 활용, 관리에 집중하고 있다. 지식경제는 주로 네트워크 경제의
특성이 점점 더 명확해지고 있다. 특히 위에서 언급한 예들을 보면
더욱 그러하다. 90년대 이러한 미래센터는 해당 조직을 위한 창의성
을 발휘하고 새로운 아이디어를 창출하는 활동에서 직원, 고객, 외
부관계자들이 서로 지식과 아이디어를 주고받을 수 있는 회의를 활
성화하는 쪽으로 방향을 전환했다. 지금처럼 복잡다단한 세계에서
중요한 것은 조직의 현재 및 미래 제품과 서비스와 관련된 여러 트
렌드와 신호를 예측할 수 있는 능력이다.

미래센터 개념의 중심에는 사람이 있다. 사람은 조직혁신의 가장 중요한 원천이다. 이들의 지식과 역량, 즉 지적 자본은 지식집약 조직의 가장 중요한 연료다.

공간이라는 개념은 분명히 중요하다. 공간이라는 개념은 일이 '되게 하는 여건' 조성에 대한 것이다. 좋은 공간은 물리적, 디지털, 정신적 구성요소와 관련된 다섯 가지 특징을 갖는다.

❶ 자체 조직: 참여자는 참관인이 아니라 모든 활동에 직접 참여하는 주체다.

❷ 경계 개방: 참여자는 다른 사람의 문제뿐만 아니라 자신의 문제도 취급한다.

❸ 익숙한 방식 버리기: 참여자는 고정관념과 익숙한 사고방식을 극복한다.

❹ 다주제 대화: 다른 배경을 가진 참여자들과 교류하면서 더 깊고 넓은 인사이트를 얻는다.

❺ 중심 이동: 활동에 참여하면서 모든 참여자와 이들의 다양한 능력을 포괄하는 방향으로 중심을 이동한다.

모든 사례연구에서 나타난것 처럼 적절한 물리적 공간의 중요성을 강조하고 있다. 하지만 문화·사회적 공간(4장), 프로세스·조직공간(5장), 가상·디지털 공간(6장)과 함께 가지 않으면 물리적 공간은 초융합적 혁신의 비옥한 토양이 되지 못할 것이다.

7.4.
다이얼로그 하우스: 동참

　다이얼로그 하우스는 ABN AMRO 은행의 앙트프레너십, 혁신, 지속가능성, 협업 센터로 2007년부터 2015년 암스테르담 은행 본부의 예전 딜링룸에 설치·운영되었다. 회의를 원활하게 하기 위한 목적으로 설계했고, 2015년에는 개방혁신을 위한 새로운 환경인 혁신센터가 ABN AMRO의 본부에 조성되었다. 다이얼로그 하우스의 여러 특징은 혁신센터에 도입되었는데, 다이얼로그 하우스는 개조를 거쳐 나중에는 보다 내부에 집중한 활동을 위한 공간으로 전용되었다.

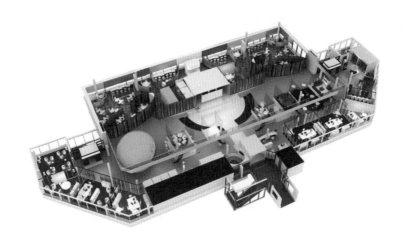

그림 51: 에이비엔암로 다이얼로그 하우스 조감도

다이얼로그 하우스는 앙트프레너십, 혁신, 지속가능성, 협업 등의 핵심적인 네 가지 테마를 중심으로 한 ABN AMRO 활동을 수용하는 공간이었다. 예를 들면 ABN AMRO의 다이얼로그 인큐베이터라는 그룹은 파격적이며 지속가능한 개방혁신에 집중했다. 인큐베이터에서 육성한 회사들은 부분적으로 다이얼로그 하우스에 자리를 잡았다. 다이얼로그 하우스는 워크숍, 마스터클래스, 이벤트를 위한 플랫폼을 제공했다. 다이얼로그 아카데미는 직원과 방문자를 대상으로 사회적으로 폭넓은 관점을 제시하는 다양한 모임을 제공했다.

다이얼로그 하우스에서 환대는 매우 중요한 요소다. 물리적 외관도 갖추고 있고 다이얼로그 하우스만의 분위기가 있으며, 개인맞춤 서비스도 가능한 인간적 요소를 고려한 좋은 사례라고 할 수 있다. 각 장소마다 다른 유형의 상호작용이 가능하고, 시각적 차별화 요소가 가미되었고, 여러 차원의 활동과 회의를 위한 안전한 환경, 진정성 있는 활동을 수용할 수 있었다. 다이얼로그 하우스는 획일적 환경을 의도적으로 극복했고, 새로운 가치를 생성해 낼 수 있었다. 미학적으로 인테리어는 보살핌, 관심, 개성을 담도록 설계되었다. 자연스런 모습에서 스카이박스의 다층 구조까지 많은 생명친화적 요소들이 성공적으로 결합되었다. 물리적 환경은 커뮤니케이션을 뒷받침해 주었다.

그림 52: ABN AMRO 다이얼로그 하우스 분위기

다이얼로그 하우스의 '가치'가 ABN AMRO에서 실현되었다. 다이얼로그 인큐베이터에서 육성한 회사의 수입 즉 금융자본, 혁신의 시작과 새로운 파트를 포함하는 지적 자본, 그리고 젊은 앙트프레너 직원 같은 인적 자본들이 귀한 시간을 이곳에서 보냈다. 더불어 여러 모임이 이곳에서 고객과 함께, 고객에 의해, 고객을 위해 이루어지는 고객 자본이 창출되었다.

그림 53: 다이얼로그 하우스 컨퍼런스: 새로운 조합을 찾아서

바로 '넥스트 제너레이션 뱅크', 'UETP(무역결제용 디지털언어)', '소셜임팩트채권', '빅데이터', '경제문해력', '지식기반업무' 같은 프로그램이 안착할 수 있는 장이 되었다. 또한 다양한 합작회사 설립의

장이기도 했다. 여기에는 연금 부문에서 에이비엔암로와 에이피지 (APG), 지식관리 방법을 적용한 인텔리전트 비즈니스 부문에서 에이비엔 암로와 프레이아그룹(XS2탤런트: 평생학습 제안), 에이비엔암로와 피엔에이그룹(PNA Group)이 했던 협업 프로젝트가 포함된다.

ABN AMRO는 초융합적 혁신을 위한 환경 개발을 계속했다. 은행은 다른 생태계 출신 기업들과의 협업 기회 발굴에 필요한 환경을 모색하기 시작했다. 이는 '확장'된 생태계의 출현을 염두에 둔 활동이었다. 혁신 스타트업이 기존 대규모 기업들과 같은 공간을 사용하는 '스타트업 오르지(Startup Orgy)'를 지원한 조직과의 협업이 시작된 것도 이런 방식이었다(그림 54). 서로 만나고 협업하는 일은 공생관계의 발전을 가능하게 했고, 기존 조직은 스타트업의 신선한 지식과 발 빠른 속도의 혜택을 같이 누렸다. 물론 스타트업도 기존 조직들의 자원과 네트워크를 활용했다.

그림 54: 암스테르담의 스타트업 오르지

7.5.
지역 환경 발전

　초융합적 혁신 프로세스에 대한 물리적 환경의 영향도 광범위하게 인정되고 있다. 전 지역이 '혁신의 계곡'으로 진화한 캘리포니아 실리콘 밸리의 사례를 따르고 있다. 현재 이런 변화는 다양한 캠퍼스 환경 개발을 중심으로 네덜란드에서 진행 중이다. 변화의 기저에는 지식집약적 혁신기업들이 벌통에 모여드는 나비들처럼 모여 클러스터를 형성토록 한다는 의지가 있다. 일단 조직들이 근거리에 모이면 새로운 역동성이 부상하고, 새로운 조합은 새로운 기회로 이어진다. 이와 같은 환경에는 지식연구소, 기업, 정부가 참여하는 조합, 즉 '3중 나선구조'(Triple Helix)가 들어선다. 이 개념은 1990년대에 처음 나왔고(Etzkowitz & Leydesdorff, 1995), 혁신과 현대식 앙트프레너십을 목표로 하는 많은 지역 발전의 근간이 되었다.

지역 발전의 지속가능성-경제적 측면 외에도 지속적인 관심이 이어졌다. 사회적 측면과 환경 측면에 대한 관심이 증가했지만 현재 지역 발전의 부가가치평가에 관해 널리 수용되는 표준은 없는 상태다. 이는 부분적으로는 주제가 상대적으로 새롭고, 아직 형태를 잡아가는 단계이기 때문이고, 지역적 영향은 참여주체들마다 다르기 때문이기도 하다. 더욱이 각 지역은 자체적 특성과 목표, 발전 기회를 가지고 있다.

금융업계에서는 많은 변화가 일어나고 있다. 한 업계 전체가 디지털화에 초점을 두고 혁신을 가속화하기 위한 물리적 환경을 구축해 나가는 현상은 매우 이채롭다. 기존 연구기관들의 위치는 여전히 중요한 역할을 하고, 새로운 생태계가 부상하는 듯 보인다. 현재의 조직들은 쇄신하고 있고, 새로운 회사(핀테크가 주도)가 발전하고 있고, 이 두 그룹을 연결하면서 초융합적 혁신을 위한 비옥한 토대가 형성되고 있다. 대표적으로 홀랜드 핀테크(Holland Fintech)가 좋은 사례다. 암스테르담에 허브를 두고 있고, 금융산업 신구 구성원 전부를 연결하겠다는 의지를 분명히 보이면서 움직이고 있다.

하지만 도시와 지역 발전을 위한 실용적 수단으로 이어지는 사업들도 분명히 있다. 지속가능한 유럽 도시와 마을(European Cities & Towns Towards Sustainability, 1994)의 알보그르 지부가 그 예라고 할 수 있는 데, 두 가지 측면에서 초융합적 혁신과 직접 연관되어 있다.

- 문제와 원인을 폭넓은 공청회 과정을 거쳐 체계적으로 파악한다.
- 지속가능한 공동체 비전을 공동체 전 부문의 참여를 통해 마련한다.

초융합적 혁신 환경을 제대로 발전시키는 과정에서 수용력은 중요한 개념이다. 초기에 이 개념은 "조직이 새로운 지식의 가치를 인정하고, 소화하고, 경제적 목적으로 사용할 수 있는 역량"으로 정의했다. 수용력이라는 말은 코헨과 레빈탈(Cohen & Levninthal, 1990)이 처음 사용했다. 이들은 지식을 찾고 적용하는 보편적 역량에 투자하는 것이 구체적인 지식 적용 프로세스에만 투자하는 것보다 훨씬 가치 있는 것으로 결론 내렸다.

코헨과 레빈탈은 범위를 조직의 수용력으로 한정하기는 했지만 개념은 조직을 넘어 도시와 지역으로까지 쉽게 확장할 수 있다. 그림 54는 여러 이해관계자 환경에서 나타나고 발생하는 지식과 활동의 결합을 통한 성공적인 지역발전 전략에 관련된 요소를 한 번에 볼 수 있게 정리했다(Van Hemert & Iske, 2015). 아인트호벤이라는 도시는 기업, 정부, 연구기관, 교육기관의 지식과 네트워크가 지식의 가치화로 이어진 대표적 장소이다. 그 결과 아인트호벤은 '세계에서 가장 스마트한 지역'으로 꼽히곤 한다.

반 기후이젠과 소타노(Van Geenhuizen & Soetanto, 2008)는 과학단
지를 도시계획의 수단으로 보고 폭넓은 개요를 제시했다.

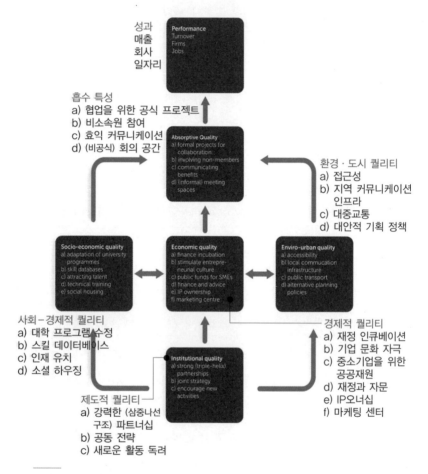

그림 55: 지역환경에서 초융합적 혁신을 위한 모델 구조. 성과지표 포함 (Van
Hemert & Iske, 2015)

브라이트랜드(Brightlands)도 좋은 사례다. 브라이트랜드는 네덜란드 림버흐 주에 조성한 캠퍼스로 구성된 회사이다. 구성은 다음과 같다.

- 헤레인 지역 DSM 부지에 조성한 캐멀롯 캠퍼스
- 마스트릭트 대학병원을 중심으로 한 의료 보건 캠퍼스
- 벤로의 그린포트 캠퍼스
- 헤일런 지역 외곽 연금회사 APG 건물에 위치한 스마트 서비스 캠퍼스

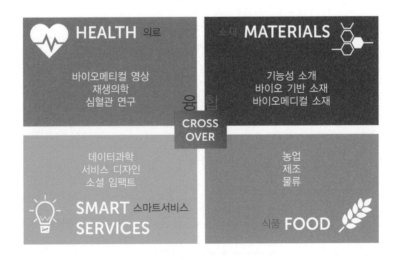

그림 56: '브라이트랜드'를 구성하는 4대 캠퍼스 테마

헤레인에 위치한 브라이트랜드 캐멀롯 캠퍼스는 화학, 소재, 생명 과학 분야의 특화된 커뮤니티다. 여기에는 기초연구, 응용연구, 가 치화 및 교육 활동이 결합되어 있고 비즈니스 성장을 촉진하고 세계 의 주요 문제의 해결책을 모색한다. 주로 대기업에나 존재하는 지식 과 스킬을 결합하고, 이를 중소 기업과 대기업, 연구기관에 적용해 보고자 하는 생각에서 탄생했다.

마스트릭트 보건 캠퍼스는 마스트릭트 대학, 마스트릭트 대학병 원, 지역투자은행 LIOF, 마스트릭트 지방정부, 림버흐 주의 협업의 산물이다. 바이오메디컬 클러스터 조성을 목표로 지난 25년 동안 랜 드바이크(Randwijck)에서 개발되었고, 국제적 매력을 가진 캠퍼스로 성숙 중이다. 마스트릭트 보건 캠퍼스는 심장병과 신경과학에 집중 하면서 의료바이오기술의 '핫스팟'으로 떠올랐다. 웰니스, 보건정책, 노화, 평생학습, 위험재고(risk inventory)가 중요한 주제로 다루어지 고 있다.

벤로에 위치한 그린포트는 브라이트랜드의 세 번째 캠퍼스다. 그 린포트 벤로는 네덜란드의 6대 '그린포트' 중 하나이다. 네덜란드의 두 번째 원예 거점이며, 유럽에서 가장 다재 다능한 곳이기도 하다. 지난 9년 동안 투표를 통해 6번이나 네덜란드의 물류 핫스팟으로 뽑 혔다. 그린포트 벤로는 앙트프레너, 정부, 연구자, 교육, 환경의 독 특한 협업의 산물이다. 지역의 경제권 증대에 초점을 두고, 원예, 농 업, 제조, 물류와 관련된 활동과 혁신을 강조한다.

스마트 서비스 캠퍼스는 가장 최근에 조성되었다. 삼중 나선구조에 속한 소규모 주체들과 대기업들이 협업을 통해 지역적(파르크스타트 림버흐) 목표 과제를 달성하고자 했던 '스마트 서비스 허브'가 확장된 형태다. 목표 과제는 다음과 같다.

- 금융, 행정, 정보 기술의 거점
- 경제적 혁신성장 달성
- 우수한 인적 자원 유치, 유지와 교육

　　브라이트랜드 스마트서비스 캠퍼스는 해당 산업 안팎의 기업과 연구기관들이 초융합적 방식으로 혁신할 수 있는 물리적 공간일 뿐만 아니라 비즈니스 인텔리전스와 스마트서비스(BISS) 분야의 과학 연구 및 교육 전문센터이다. 물리적 센터로서 이 분야의 세계적 센터로 육성하겠다는 목표를 가지고 있다. 또한 청년과 전문가를 위한 새로운 교육 프로그램 등 포트폴리오를 마련하고 있다.

인텔리전트 비즈니스를 위한 초융합적 혁신환경을 제공하는
스마트 서비스 캠퍼스

그림 57: 헤일런 스마트 서비스 캠퍼스는 '스마트 비전' 계획의 좋은 사례다.

회사와 지식 연구소가 입주하면서 헤일런은 금융, 행정, 정보 서비스 분야에서 잘 갖추어진 클러스터와 독특한 전문성까지 보유하게 되었다. 지역의 독특한 지식적 특성을 보전하고 미래의 일자리를 보장하기 위해 18개의 주체들이 손을 잡고 '스마트 서비스'이라는 공동 비전을 마련했다. 데이터의 인텔리전트한 사용을 통해 조직과 고객들에게 경제적 부가가치 원천을 제공하는 서비스가 스마트 비전

이다. '스마트'라는 말은 고객만족, 효율성, 부가가치의 총체적 증대를 의미한다.

금융, 행정, 정보 서비스에 집중하는 지식 연구소를 설립하기 위해 노력을 결집하면서 스타트업들이 이 분야에서 발전하기 시작했고, 이 지역에 존재하던 지식과 새로운 지식을 보전하는 데도 도움이 되었다. 스마트 서비스 캠퍼스는 외부 주체와 지역자치 단체의 협업을 상당히 강조한다. 이는 공공 데이터가 많이 사용된다는 것을 의미한다. 또한 지역 중소기업을 위한 일자리도 상당히 만들어낼 것이다. 캠퍼스는 빅데이터의 교차점이 되면서 비즈니스 인텔리전스를 생성해 낼 것이다. 더욱이 지역 앙트프레너들은 우수한 스탭들을 활용하면서 사업 영속성과 수익성을 견고하게 유지할 수 있다. 행정적인 부분에서는 지속적인 개선과 혁신 또한 중요하다. 그러자면 탄탄하고 시장 중심적인 교육 프로그램이 필요하다. 따라서 림뷔르흐의 지식 연구소가 이 협업체제에서 중요한 한 축이 될 수밖에 없다.

이러한 장기 경제 계획에서 3중나선구조 협업의 중심에는 데이터 조합이 있다. 데이터 조합이야말로 스마트 서비스 허브를 '스마트 경제'의 성공 비전 모델로 만들어 줄 것이다. 헤일런 지방자치단체는 이제 데이터 사용(예. 구체적인 프로젝트), 시민의 적극적 참여를 독려할 수 있도록 구체적인 목표를 마련해야 할 것이다. 의사결정 과정에 필요한 정보의 원천확보는 데이터사용 목표의 한 예가 될 수 있다.

수많은 다른 지역에도 캠퍼스 원칙이 적용되고 있다. B. Amsterdam 건물(그림 58)과 소기업, 대기업들이 지식 연구소들과 공간을 공유하는 캠퍼스 환경 등이 이에 해당한다. 3중나선구조 원칙은 정부, 교육 및 연구기관, 기업 모두가 투자하고 기여하는 상호지원 발전을 의미한다. 시민이 제4의 주체로 참여하는 '4중 나선구조'도 최근 많이 논의되고 있다.

그림 58: 비.암스테르담 건물. 스타트업과 같은 회사, 공기업, 교육기관이 참여하여 대규모 다양성을 지향한다.

PART 8

초융합적 혁신
사례 연구

8.1.
파이브 디그리스
(Five Degrees)

인터뷰 : 파이브 디그리스 CEO 마르타인 호만

은행은 여러 가지 문제를 한꺼번에 겪고 있다. 준수해야 하는 규정으로 인한 부담뿐만 아니라 유럽 내 규제 환경의 변화는 역내 더치열한 경쟁을 예고하고 있으며 동시에 기회도 창출하고 있다. 따라서 기존의 금융 기관들은 날로 치열해지는 경쟁 환경 속에서 살아남기 위해서는 외부로 눈을 돌릴 수밖에 없는 상황이다. 내부적으로는 오래된 시스템과 문화를 쇄신하여 사고방식과 구조를 바꾸어야 하며, 동시에 비용 절감과 혁신을 이루어내야 하는 과제를 안고 있다.

다시 말해 금융 기관은 고객을 중심에 두고 운영해야만 한다. 규제준수에 따른 비용은 상승하고 있고, 기술에서는 엄청난 변화가 나타나고 있다. 이제 은행은 기술로 혁신하지 않으면 고객과 수익을 보장할 수 없다. 하지만 은행시스템은 아직 새로운 기회와 고객의 새로운 요구사항을 수용할 수 있는 충분한 준비가 되어있지 않다. 경영 문화는 기술 혁신의 발목을 잡고 있다.

규제 환경 역시 이들을 편안하게 내버려두지 않는다. 새로운 지급결제체제인(PSD2)가 실행되면서 은행은 거래정보를 제3자와 공유해야한다. 과거에는 고객 데이터가 은행에만 공개되었지만 이제 제3자가 이 정보를 공유 받고, 이를 기반으로 스마트 서비스를 구축할 수 있게 되었다.

고객은 금융부문 안팎에서 새로운 기술 가능성을 경험하고 있고, 이들의 기대치 역시 변화하고 있다. 은행은 빠른 기술 변화의 소용돌이에서 놓치는 부분도 있어 보인다. 누군가가 돌연 등장하여 고객이 원하는 서비스를 완벽하게 제공해준다면 은행의 중요한 고객들은 가장 먼저 은행을 떠나버릴 것이다. 기술은 조직 내, 경영진, 사업장 내에 굳건히 자리해야 한다.

파이브 디그리스(Five Degrees)는 스타트업이다. 이 회사는 소매금융, 예금, 기업금융을 위한 스마트 소프트웨어를 가지고 고객 경험, 비용 효율성, 규제준수, 리스크를 처리하는 혁신적인 솔루션을 가지고 있다. 공동 창업자이자 디렉터인 마르타인 호만은 은행아키텍처에 대한 사고방식을 어떻게 바꾸어야 하는지, 고객을 중심에 둘수 있도록 기술을 어떻게 활용하는 지에 대해 다음과 같이 말하고있다.

기술로 "본질에 충실"하다

"은행업은 쉬운 사업이 아닙니다. 은행은 리스크와 규제준수라는 제약요소를 가지고 고객들에게 제공할 서비스를 만들어내야 합니다. 은행의 수익모델은 단순하지만, 운영은 다른 얘기입니다. 엄청나게 복잡하죠. 규제준수는 은행과 고객을 불편하게 하려고 만들어진 것이 아닙니다. 은행이 원하는 바는 다른 고객의 이해관계와 양립할 수 있어야 하고, 고객과 사회의 이익을 거스르지 않는 방식으로 움직여야 합니다. 규제는 이런 움직임이 비록 최선의 의도를 가지고 있다고 해도 럭비공처럼 알 수 없는 방향으로 튈 수 있기 때문에 필요합니다. 제 주변을 둘러보면, 규제준수의 부담이나 영향이 너무나도 커서 곧 어떤 임계점(tipping point)까지 도달할 것 같습니다. 상품 가격은 계속 오르고, 회사의 복잡성은 더 커지고 있습니다. 이런 것이 과연 고객의 최선의 이익에 부합하는 현상일까요? 은행이 과연 고객의 이익을 위해 최선을 다한다고 말할 수 있을까요? 해답은 기술에 있습니다. 우리가 제시하는 상품들은 고객이 중심에 있습니다. 우리는 등록과 신원확인 과정에서 모든 확인을 자동화합니다.

또한 고객과의 접점을 최소화할 수 있도록 프로세스를 간소화했습니다. 바로 "본질에 충실한" 고객 경험을 창출하는 방식입니다."

은행의 정보독점을 해결하는 규제

"결제체제로 PSD2라는 규정이 도입되었습니다. 지금은 거래정보가 은행에 있지만 PSD2는 은행이 고객 정보를 제3자와 공유하도록 정하고 있습니다. 이 정보를 토대로 최고의 서비스를 제공할 수만 있다면 누구든 은행업을 할 수 있습니다. 은행은 훌륭한 온라인 결제서비스를 제공하는 업체의 백오피스로 전락할 위험에 처해있습니다. PSD2는 은행을 뒷방으로 물러나게 하는 변화입니다. 유럽 결제 트래픽 부문에서도 유럽시장은 통합되고 있다는 데 주목해야 합니다. PSD2는 기술공동표준을 활성화하는 수단입니다. 네덜란드 은행계좌를 유럽 내 다른 나라에서도 열 수 있습니다. 이탈리아용 앱을 만들고 제대로 마케팅을 하는 겁니다. 아직 아무도 하지 않았다는 것이 이상할 뿐입니다."

고객이 디렉터다

"궁극적으로 고객은 본인의 금융을 관리할 수 있어야 합니다. 그렇게 하려면 고객은 자신의 정보에 접근할 수 있어야 합니다. 아니면 시그널과 경고같은 것을 통해 최소한 무엇이 필요하고 필요하지 않은지 전달할 수 있어야 합니다. 결국 나의 금융활동을 위한 최고의 디렉터는 나 자신이라고 생각합니다. 고객이 과연 그런 역량이 있느냐는 의구심이 들 수도 있습니다. 하지만 고객 대다수는 그리 복잡하지 않은 금융활동을 합니다. 이 점을 간과해서는 안됩니다. 부동산을 많이 보유하지 않고 모기지가 없는 사람들은 아주 기초적인 은행상품만 거래합니다. 이런 경우 은행의 역할은 통제되어야 합니다. 돈세탁 방지를 통한 리스크관리, 규제준수, 테러 대처 같이 은행은 고객을 위해 통제되어야 합니다."

기회: 정보은행으로 탈바꿈

"나의 이익을 최선으로 생각하고 내 데이터를 관리하는 곳이 이 세계에 적어도 한 곳은 있어야 합니다. 은행이 그 가능성을 가장 크게 가지고 있다고 생각합니다. 은행은 나의 신원을 가장 확실하게 확인할 수 있는 유일한 기관이기 때문입니다. 은행은 내 신분증을 가지고 있고, 은행에 가면 우리는 자신을 증명해야 합니다. 은행은 이 부분에서 가장 큰 기회를 가지고 있습니다. 은행은 나의 귀중한 자산인 돈, 소유물, 나의 정보 등을 나의 이익에 가장 부합하게 관리해야 합니다. 은행은 데이터 은행이 되어 내편에 서야할 것입니다."

고객은 자신이 원하는 바를 가장 정확히 안다

"고객은 자신이 원하는 바를 알고 있다는 것은 고객 조사를 통해 알 수 있습니다. 과거에는 고객들은 정직, 공감, 적극적인 태도로 대우받기를 원했습니다. 최근 포커스 그룹은 구체적으로 그들이 원하는 앱과 기능에 대해 구체적으로 표현합니다. 당연하다고 생각합니다. 이들은 이미 기술이 무엇을 할 수 있는지 보고 있기 때문입니다. 은행장들은 현재의 기술로는 고객의 요구를 충분히 만족시킬 수 없다고 말할 것입니다. 은행들은 여전히 좋은 웹사이트와 앱, 콜센터 디자인을 개발하는 데 천착하거나 또는 어떻게 직원들이 고객과 같은 스크린을 보게 할 것인지, 아니면 고객보다 조금 더 많은 것을 볼 수 있게 할 것인지를 고민합니다. 하지만 내일 당장 고객이 원하는 것을 서비스하는 은행이 나타난다면, 그것도 깜짝 놀랄만한 방식으로 고객이 원할 때, 원하는 것 이상을 제공한다면 어떻게 될까요? 결과는 엄청날 것입니다."

고객은 은행 최고의 직원이다

"고객은 매일 디지털로 가고 있고, 이는 기술로만 뒷받침할 수 있습니다. 은행은 사람 또는 기술이 지원하는 프로세스 위에서 움직입니다. 컨트롤 기능은 워크플로우로 볼 수 있고, 직원 채널은 기본적으로 직원에 의한 온라인 뱅킹의 고급 버전입니다. 다만 기능과 역할이 더 많을 뿐입니다. 기술 요소를 극대화하고 자동화하더라도 여전히 프로세스에는 최소한이지만 고객이 손수 입력해야 하는 단계와 어떤 리스크와 컨트롤 활동이 필요합니다. 그래서 고객은 자신들과 관련된 뱅킹 프로세스의 일부가 됩니다. 예를 들어 모기지 신청을 봅시다. 모기지 워크플로우 단계는 전부 자동화가 가능합니다. 자동 블랙리스트 체크, 신원확인, 신용확인, 확인메일 발송 등 모두 자동화할 수 있습니다. 이 작업이 진행되는 동안 고객은 언제 자신의 입력이 필요한지 자동으로 알 수 있습니다. 이때 은행 직원이 개입할 필요가 없습니다. 고객은 스스로가 원하는 것을 가장 잘 알고 있고, 본인이 원하는 것이기에 이를 얻기 위해 움직일 의지도 차고 넘칩니다. 고객에게 제대로 된 도구만 제공한다면 자신이 해야할 부분을 확실히 해냅니다. 고객은 이 일을 수행하는 데 돈을 요구하지도 않으며 실수를 하더라도 본인이 책임을 집니다. 고객이 자신이 할 일을 하게 해주는 기술을 활용하면 고객은 최고의 은행직원이 될 것입니다."

API: 아키텍처 재구성

"다음 세상은 이미 펼쳐지고 있습니다. 바로 API경제입니다. API는 애플리케이션 프로그래밍 인터페이스로써 컴퓨터 프로그램이 다른 프로그램 또는 구성요소와 소통하게 해주는 메커니즘입니다. 고객이 특정 채널을 통한 거래를 하기 위해서는 API가 고객과 시장에 제공되어야 합니다. KLM같은 회사는 고객의 거래은행 API를 호출하여 거래를 성사시킬 수 있습니다. 은행은 아직 API를 취급할 수 있는 구조적 대응체계를 갖추지 못하고 있습니다. 하지만 누구나 이러한 채널을 만들 수 있습니다. 채널은 이론상 무한정 만들어낼 수 있습니다. 채널 내에서 많은 변화가 이루어지고 있습니다. 오늘의 앱 기능은 1년 전과 비교해도 많이 다르기 때문입니다. 웨어러블 같은 기술을 통한 새로운 채널은 아직 언급하지도 않았습니다. 다시 말해 새로운 채널과 기술 서비스에 대한 수요와 공급은 상당히 증가할 것입니다. 그렇다면 은행은 이 엄청난 복잡성을 두고 어떤 준비를 해야할까요? 은행의 아키텍처를 다시 생각해봐야 할 것입니다. 채널, 상품, 앱의 유형과 상관없이 은행의 업무에 연결 지을 수 있는 방식으로 재구성해야 합니다. 은행에는 백오피스, 미들오피스, 프론트오피스가 있습니다. 백오피스는 모든 상품과 결제를 매일 관리하고, 이자 계산을 추적하는 회계시스템입니다. 이러한 시스템은 새로운 기술 도입으로 크게 개선할 수 있지만, 이는 시급한 문제는 아닙니다. 계정이라는 개념은 백 년 동안 바뀌지 않았고, 가까운 미래에도 바뀌지는 않을 것입니다. 프론트오피스는 보기 좋은 얼굴입니다. 회사라면 어떤 종류의 기업이든 프론트오피스용으로 포털, 앱, 여러 채널을 보기 좋게 구성합니다. 그리고 미들오피스가 있습니다. 문제는 여기에 있습니다. 직원이 고객을 대신하여 프로세스를 조정하고, 백오피스에서 정보를 가져오는 등 여러 활동을 실행하는 곳입니다."

서비스로서의 커넥터(Connectors as a service)

"우리가 기본적으로 하는 일은 은행의 내부 업무에 커넥터를 두어 모든 서비스와 애플리케이션, 여러 유형의 기술 채널을 커넥터에 걸 수 있도록 하는 겁니다. 이해하기 쉽게 비유를 들어보겠습니다. 예전에는 두 시스템을 서로 연결하기 위해서는 두 개의 루트가 필요했습니다. 먼저 토대를 깔고, 하수 파이프를 연결하고, 그 위에 도로를 건설하고, 아스팔트로 덮은 다음 도로 표지판과 톨부스를 설치하는 식입니다. 이 모든 과정은 복잡하고, 시간이 많이 걸리고, 돈도 많이 듭니다. 지금은 굳이 이렇게 하지 않아도 됩니다. 세상은 시스템간 데이터 교환 표준 프로토콜이 있다는 것을 압니다. 그래서 고객은 채널 또는 어플라이언스를 통해서 문제를 해결하거나, API를 가지고 시스템과 소프트웨어에 바로 작업합니다. 정확한 정보를 수집하고, 고객을 위한 행동을 이행하기 위한 정확한 활동을 수행합니다. 이상적으로는 은행의 애플리케이션 매니저가 은행에 필요한 어떤 앱 또는 서비스가 필요하다고 하면, 고객 또는 직원용 플랫폼에서 간단하게 해당 스위치를 켜고 끌 수 있어야 합니다.

현재 우리 회사는 새로운 기술 뿐만 아니라 기술을 활용하는 방식에 대한 새로운 비전까지 가진 최초의 코어뱅킹 회사입니다. 코어뱅킹은 고객을 중심으로 돌아가며 고객과 타인의 관계, 고객과 상품의 관계에 집중합니다. 이는 경영자들이 관심을 두는 사항이기도 합니다. 시장에서 은행을 대상으로 이러한 유형의 소프트웨어를 만드는 플레이어는 많지 않습니다."

8.2.
사회성과연계채권
(Social impact bonds)

세계는 기회와 위기로 가득하다. 우리는 복잡한 사회의 가치창출의 기회를 모두 붙잡을 수는 없다. 인과관계가 늘 성립되는 것은 아니기 때문이다. 하나의 개념을 두고 누가 무엇을 가졌는가를 규명하는 것은 항상 명확하게 알 수 없기에, 가치창출로 이어질 수 있는 제안과 활동을 추진할 수 있는 자원과 비전을 갖춘 주체를 찾게 된다. 정부는 사회적 역할과 책임이 있다는 이유로 항상 이러한 일들의 주체로 거론된다. 하지만 최선의 해결에 도달하기 위해서는 더 많은 주체가 함께 해야 한다.

새로운 사고방식과 행동방식이 필요하다. 기존 구조의 효력은 약화될 것이며, 비전형적인 방식에서 돌파구를 찾을 수 있다. 사업 착수를 위한 재정지원, 즉 사전 파이낸싱은 그 혜택이 어디에서, 어느 정도까지 실현될 수 있는지가 사전에 정의되지 않으면 문제가 되고는 했다. 검증된 결과가 드러난 이후에만 당사자들은 재정적 지원을 받을 수 있었다. 사회성과연동채권은 리스크가 큰 사전 파이낸싱과 최종 산물인 사회적 임팩트의 거리를 메우기 위해 도입되었다. 사회성과연동채권은 기존 채권을 혁신적으로 해석한 결과다.

포괄적으로 정리하면, 사회성과연동채권은 여러 이해관계자의 파트너십으로 설명할 수 있다. 사회서비스 제공자들이 정부가 아니라 민간투자자로부터 사전지원을 받는 형태다. 이렇게 되면 정부는 재원을 줄일 수 있고, 절감된 재정은 나중에 투자자들에게 투자이익환수의 형태로 지급될 수도 있다. 정부는 의도했던 사업성과가 달성된 경우에만 투자자에게 자금을 지급하고, 처음에 절감했던 금액에 맞추어 지급한다. 이런 방식으로 정부는 리스크를 줄이고, 투자자에게 리스크를 전가할 수 있다. 투자자는 사업에서 의도한 성과가 나오지 않으면 투자손실을 입게 된다. 그림 59는 사회성과연동채권의 구조에 대한 것이다.

상품의 겉모습은 채권이지만, 전통적 개념의 '채권'과는 다르다. 더 정확히 말하면 '채권'이 아니다. 여러 이해관계자들의 파트너십이며 정부, 투자자, 서비스제공자와 가능한 경우 모든 중간지원조직이 서명한 계약이 필요하다. 소셜임팩트파이낸스 같은 기관은 혁신적인 사회적 프로그램을 위한 사회성과연동채권을 활용할 수 있는 기회를 찾고, 기회를 일으키는 역할을 한다. 이들은 투자자, 사회적 목표를 추구하는 앙트프레너와 정부를 연결시켜, 사회적 성과를 실현시키고, 합리적인 경제적 수익을 확보할 수 있도록 한다. 이들은 사회성과연동채권 유효기간 동안 지원하며 지속가능성 목표 준수여부를 주기적으로 평가한다.

서비스 제공자는 과거 실적과 사업을 확장할 수 있는 잠재성을 근거로 선택된다. 독립 사정인이 서비스의 잠재적 이익을 판단하고, 예상결과에 맞추어 지급구조를 마련한다. 정부가 내는 성과지급액은 사전에 정의한 주요성과지표(KPI)를 토대로 정한다.

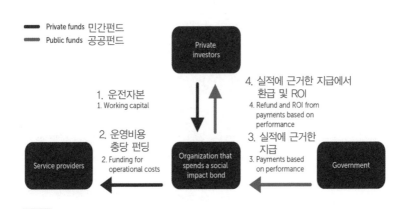

그림 59: 사회성과연동채권 개요

혁신은 지식을 새로운 맥락에 적용함으로써 가치를 창출하는 것이다. 이는 사회성과연동채권의 기능과 정확히 일치한다. 채권은 이미 존재하는 것이지만 채권을 비전과 책임감을 지닌 투자자, 가치 있는 아이디어와 사업을 가진 주체들, 이러한 노력에서 이익을 찾을 수 있는 이해관계자를 연결해주는 맥락에 적용한 것이 바로 사회성과연동채권이 아닌가. 초융합적 혁신의 훌륭한 예라고도 할 수 있다. 복잡한 질문에 대한 해결안은 리스크, 성과, 수입을 재배치하면서 새롭게 조합했을 때 찾아진다.

네덜란드 최초의 사회성과연동채권은 2013년 12월 19일 로테르담에서 마무리되었다. 에이비엔암로, 사회성과연동채권, 스타트 파운데이션으로 구성된 투자단은 로테르담의 비즈니스클럽(Businezzclub)에 68만 유로를 투자했다. 이 회사는 구직 자격을 갖추지 못했거나 교육을 제대로 받지 못한 실업청년을 돕는 회사다. 비즈니스클럽 덕분에 해당 청년들의 정부실업수당 수령 기간이 단축되었다. 로테르담 지방자치단체는 이렇게 절감한 금액을 투자자에게 지급했다. 청년들이 실업에서 빠르게 탈출하면 할수록 투자자들의 수익은 늘어나는 구조다. 3년간 투자자의 연간 최대수익율은 12퍼센트까지 올랐다.

최악의 시나리오는 비즈니스클럽의 청년 실직수당 수령기간에 변화를 일으키지 못하는 경우일 것이다. 이 경우 투자자는 68만 유로의 60퍼센트를 잃게 된다. 원칙대로 했다면 사회성과연동채권 투자자는 투자액 전액 손실을 감당해야 했겠지만, 이 경우 비즈니스클럽이 리스크의 40퍼센트를 부담했다.

2015년 9월 1일, 베르크플라츠(Werkplaats) 로테르담 자우드(Rotterdam-Zuid)가 네덜란드 최대규모 사회성과연동채권의 문을 열었다. 이후 5년 동안 이 사회성과연동채권은 구직전망이 낮은 750명을 대상으로 로테르담 자우드 내 취업지원사업을 운영한다. 베르크플라츠 로테르담 자우드는 민간부문 법인체다. 이 회사는 사업참여기업들의 물리적 클러스터를 통해 현재 취업시장의 수요를 충족할 수 있는 인재를 양성하겠다는 계획을 세웠다. 로테르담 자우드 지역에서 영업하는 회사라면 소속 산업과 상관없이 사업에 참여할 수 있다. 각 회사는 자체 핵심 사업, 제품·시장 조합을 가지고 있다. 회사는 자체 생산 프로세스를 가지고 있고, 이익을 창출할 책임이 있다. 그리고 지역 구직자들을 혁신적인 방식으로 훈련시킨다는 점이 중요하다. 인재와 업종의 완벽한 조합을 찾는 것이야말로 출발점이 된다. 이 작업이 잘 진행되면 중도 탈락을 방지할 수 있고, 대상자들의 사회복귀 성공을 높일 수 있고, 지속가능한 취업율을 달성하게 된다. 이 과정의 핵심은 멘토와 멘티 시스템이다. 경력직원과 매니저들은 자신들의 지식, 경험, 경륜을 신입직원들과 공유하는 입장이 된다. 사용주는 직원이 순생산성을 넘어서는 자산임을 인정함으로써 이윤을 낼 수 있다. 참여 회사들은 자신들이 원하는 역량, 성향, 인재상을 가지고 인재 훈련에 접근하므로, 적극적이고 의욕에 찬 직원을 이 시스템에서 만들어낼 수 있다. 놀랍게도 여기서 훈련 받은 직원들은 훨씬 높은 생산성을 보인다.

이 사업은 폰즈디비엘(FondsDBL)이 참여한 민간펀드 사업이다. 구성, 지시, 관리는 소셜임팩트파이낸스(www.socialimpactfinance.nl)에서 담당한다. 베르크플라츠 로테르담 자우드는 지방자치단체 및 교육기관과 협업하며, 이들과의 연락도 담당한다. 해당 사회성과연동채권이 이런 혁신 방식을 따랐을 때 5년 기간 내 성공할 수 있는지 여부를 판단하기 위해 로테르담의 에라스무스 대학이 독자적인 평가에 나설 예정이다. 사업이 성공하면 이 컨셉을 확대하겠다는 목적을 염두에 두고 추진되었다. 그림 60을 살펴보자.

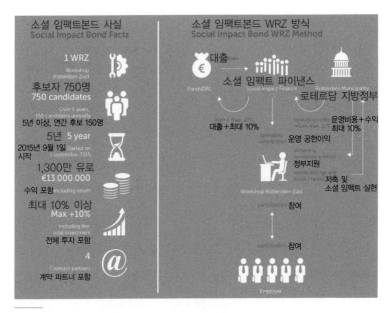

그림 60 : 사회성과연동채권의 구조 베르크플라츠 로테르담 자우드
(출처: www.socialimpactfinance.nl)

　

　베르크플라츠 로테르담 자우드의 성과에 따라 로테르담 지방자
치단체도 성공보수를 지급한다. 또한 성과의 재무적 효과를 측정하
고, 지역 구직자를 공급하는 퍼실리테이터의 역할도 수행하게 되는
데, 정부기관이 새로운 역할을 어떻게 수행할지에 대한 선례가 될
것이다. 로테르담 지방자치단체의 알더만 마르코 플로라인(Alderman
Marco Florijn)은 사회성과연동채권에 쏟아지는 지역공동체의 관심을
다음과 같이 언급했다. "사회성과연동채권은 정부 예산이 줄어드는

시기에도 사회문제 해결이 여전히 가능함을 말해줍니다. 도시 차원 뿐만 아니라 로테르담 시민에게도 좋은 일이 될 것입니다."

사회성과연동채권의 적용효과가 확실한 분야는 보건의료 부문이다. 보건성과연동채권은 여러 이해관계자가 참여하는 복잡한 시스템을 동반한다. 환자, 의료종사자, 관리, 재무관리자, 과학기술, 정부가 참여한다. 다수 이해관계자가 동반되는 환경에서의 혁신은 매우 어렵다. 한 주체에 돌아가는 이익은 보통 다른 주체의 희생을 동반하기 때문이다. 그래서 혁신 과정 각 단계에 참여하는 주체들의 관점에서 혁신을 정의하는 것이 중요하다. 일방 또는 다수의 이해관계자가 부정적인 임팩트를 경험한다면 그 여파를 줄일 수 있는 조치를 취하여 혁신의 성공 가능성을 조금이라도 높여 주어야 한다. 이를 위한 방법이 마련되었다. 좋은 보건의료 혁신 활동(GHIP)이라는 방식으로 의료보건 혁신 분야에서 실시된 다수의 프로젝트 분석의 결과도 도출되었다(Naber & Iske, 2004).

사회성과연동채권과 보건성과연동채권은 기존 주체, 기존 제품을 혁신적으로 조합한 결과물이고 리스크와 수익률은 새로운 방식으로 배분된다. 조금 어려운 부분은 참여주체들이 다른 의견을 가지고 있다는 점인데, 경험한 긍정적 또는 부정적 임팩트 뿐만 아니라 때로는 근본적 수준에서도 의견이 갈라지기도 한다. 심지어 추구해야 할 가치의 유형에 대한 의견이 분분하다. 보건의료분야에서 환자는 구체적으로 "의료적 가치"를 찾겠지만 다른 주체들은 비용 또는 효율성을 찾을 수도 있다. 이를 파악하기 전에 사과와 오렌지를 비교하면 논의는 이리저리 헤매다가 끝날 수도 있다.

이와 관련된 흥미로운 예는 예방의학이다. 질병에는 가격이 매겨진다. 의료적 문제의 치료는 꽤 정확하게 가격이 매겨진다. 그 방식은 아플 때와 건강한 상태로 회복, 또는 병증이 완화되었을 때를 비교하면 산정가능하다. 여기서 수술, 투약, 치료 등 결과를 달성할 수 있는 여러 의료적 활동에 대한 재무적 근거가 만들어진다. 하지만 병이 아닌 건강에는 어떻게 가격표를 달 수 있겠는가? 다시 말해 결국 최종 대상이 누가 될지도 모르는 상황에서 덜 아프게 혹은 안 아프게 만드는 의료 활동에서는 어떻게 값을 산정할 수 있을까? 이런 유형의 질문에 대해서는 다양한 시스템 오너를 찾아야 한다. 자신의 유병율이 감소했다는 것을 아는 사람, 유병율이 낮아지면서 결근이 줄어든다는 사실을 인식하는 사용주, 사회 의료비 감소와 복지 배분이 잘되는 사회 등이 모두 당사자이다.

비만아를 예로 들어보겠다. 아동을 포함하여 과체중 인구가 증가하고 있다. 현재 아동의 10퍼센트는 과체중이며, 2.5퍼센트는 심한 비만 상태다.

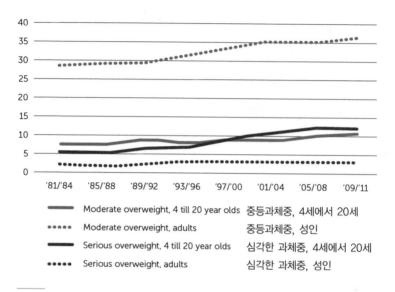

'81/'84	'85/'88	'89/'92	'93/'96	'97/'00	'01/'04	'05/'08	'09/'11

——— Moderate overweight, 4 till 20 year olds 　중등과체중, 4세에서 20세

••••• Moderate overweight, adults 　　　　　 중등과체중, 성인

━━━ Serious overweight, 4 till 20 year olds 　심각한 과체중, 4세에서 20세

●●●●● Serious overweight, adults 　　　　　　심각한 과체중, 성인

그림 61: 네덜란드 비만 추이(출처: CBS)

　아동 비만은 보통 다른 많은 질병도 동반한다. 아주 어릴 때부터 심혈관계 질환, 제2형 당뇨에 시달리는가 하면, 근골격 문제(무릎), 수면문제(일시적 호흡정지), 사회심리학적 문제(왕따)(Bulk−Bunschoten et al., 2005 참조)를 겪는다. 어린이의 과체중과 비만은 성인 과체중과 비만으로 이어진다. 이 문제로 인한 의료비도 증가할 것이다. 당뇨 환자는 자주 병에 걸리고, 따라서 결근도 높다는 것은 알려진 사실이다. 효과적인 예방적 치료를 통해 아동 비만퇴치에 나선다면 분명히 경제적으로는 의미 있는 활동이 될 것이다. 하지만 문제가 그렇게 간단치 않다. 경제효과는 장기적으로 드러날 뿐이며, 여러 주체

들이 혜택을 공유하게 되고, 통계적 착시도 겪게 될 것이다. 비만하다고 해서 모두 건강하지 않은 것은 아니니 말이다. 경제적, 사회적 이익(비만아동 없는 사회 구축에 기여)을 찾는 투자자는 어떤 유형의 경제적 임팩트가 언제, 어디서 나타날 것인지에 대한 통찰력을 가져야한다. 그래야만 적절한 주체를 찾아 수익에 대한 합의를 도출할 수 있을 것이다. 소사이어티 임팩트라는 플랫폼은 참여 주체 컨소시움을 개시했다. 은행, 건강보험회사, 연금제공자, 회계사, 정부 기관들이 참여했다. 이 컨소시움의 목표는 보건임팩트와 금융을 가지고 실험도 해보고 관련 프로젝트의 교훈을 얻는 것이었다.

효과를 특정할 수 없거나 수치로 표현할 수 없을 때 상황은 복잡해진다. 예를 들면 이산화탄소 배출이 기후에 미치는 영향과 기후변화의 비용을 생각해보자. 또는 더 까다롭게, 효과를 산출하는 경제적 모델이 전혀 없는 상황도 있다. 남극 펭귄의 집단 멸종은 경제적 손실이 얼마나 될까? 또는 매년 봄철이면 기승을 부리는 미세먼지는 어디에서 오는 것이며 우리는 어떠한 경제적 비용을 지불하고 있는가? 이러한 복잡한 질문은 새로운 모델이 필요하고 어쩌면 새로운 용어를 만들어내야 할지도 모른다. 사회성과연동채권과 마찬가지로 초융합적 혁신이 여기서도 주요 원칙으로 활용될 수 있다. 왜냐하면 질문과 마찬가지로 솔루션이 시스템 내 지식 영역들이 합쳐졌을 때에만 존재하기 때문이다. 참여주체의 이러한 팀웍을 '사회성과연대(Social impact Alliance)'로 명명하면 어떨까?

8.3.
키(Qiy) : 개인정보와 온라인 아이덴티티

인터뷰: 마르셀 반 갈렌(Qiy 설립자)

지금의 인터넷은 상당한 편리함과 혜택을 제공하고 있지만, 그늘진 이면도 있다. 어떤 데이터가 누구에 의해서, 어떤 이유로 등록되는지 정확히 아는 사람이 없다. 사회의 디지털화로 데이터양은 엄청나게 증가하고 있다. 매년 50퍼센트씩 증가한다. 우리가 스스로 생산해내는 데이터이자 우리를 둘러싼 디바이스가 쏟아내는 데이터이기도 하다. 핸드폰, 자동차, 집과 관련된 데이터는 어디로 가는 것일까? 만보계, 라우터, 가전제품 데이터는 어떨까? 지금 우리가 말하는 데이터는 어떤 형태의 데이터인가? 자신의 정보가 어떻게 되는지 알지 못한다면, 개인정보보호란 존재하지 않는 것이나 마찬가지다.

많은 사람들이 페이스북이나 구글같은 무료 서비스를 적극적으로 사용하기는 하지만, 현재의 인터넷을 많은 사람들이 신뢰하지 못하는 현상은 어쩌면 당연하다. 주소 또는 전화번호를 요구 받거나, 간단한 주문을 할 때도 계정을 만들어야 한다. 온라인을 차단하는 사람들이 늘어나는 이유이다.

인터넷은 프로필 생성을 기반으로 구축되었다. 이러한 프로필은 인터넷 사용자의 성향을 반영하는 컨텐츠와 광고를 개인맞춤으로 제공하는 데 사용된다. 어떤 경우 개인 프로필정보는 재판매되기도 한다. 2009년 네덜란드 데이터보호국(CBP)의 위탁으로 콘시더라티(Considerati)가 실시한 연구에 따르면, 평균 네덜란드인의 개인 데이터는 400여 개의 데이터베이스에서 발견될 수 있다(Schermer & Wagemans, 2009). 개인 데이터를 요구하는 모든 거래행위를 고려하면 그런 데이터베이스는 어쩌면 수천 개에 달할지도 모른다. 2012년 사르가소(Sargasso1)가 조사한 바에 의하면 네덜란드 정부는 415개 네덜란드 기본 등록 자료를 제외하고, CBP에 5,100개 데이터베이스를 고발했다. 일부 데이터베이스의 정보보호는 상당히 부실한 편이었다. 이런 데이터베이스는 개인정보를 도용하는 해커의 공격대상이 된다. 최근 개인정보 도용 사건의 피해자가 늘고 있다. 레이던 대학이 경찰이 발표한 과학수사연구 위탁 프로그램의 일환으로 연구한 내용에 의하면, 네덜란드인 12명 중 1명은 개인정보도용사건의 피해

자다(Paulissen & Van Wilsem, 2015).

그런데 여기에는 자신의 정보를 스스로 통제할 수 없다는 사실 말고도, 다른 요인들도 있다. 데이터베이스 해킹과 대규모 온라인 정보 오남용이 그것이다. 이런 현상은 월드와이드웹이 운용되는 방식 자체와 관련이 있다. 기업과 정부는 고객이자, 시민이자, 환자이자, 직원인 우리의 개인정보 출납을 끊임없이 요구한다. 이와 같은 기본 서비스를 이용하기 위해 내 계정으로 로그인을 하려면 사용자명과 비밀번호가 있어야 한다. 사용자에 대한 기본 정보는 사용자 본인에게 적합한 방식도 아니고, 이들이 접근할 수 있거나, 그런 정보를 사용할 수 있는 방식도 아닌 상태로, 이 정보를 원하는 조직에게 가장 적절한 방식으로 구성된다.

당신이 모기지 견적을 요청했다고 치자. 그렇다면 당신은 소속회사의 급여 포탈에서 급여정보를 가져와야 하고, 해당 지방자치단체에서 주택평가자료를 가져와야 한다. 이 정보는 모기지 제공업체의 웹사이트에 입력되고 저장될 때까지 사실 정확한 상태다. 그런데 거래 은행은 당신이 제공한 정보가 정확한지를 확인할 것이다. 여기까지 상당한 시간과 돈이 소요되며, 그 결과는 이렇다. 당신의 정보는 해킹 등 리스크를 떠안은 채 또 하나의 데이터베이스에 저장된다.

이 문제는 디지털 세계에 안전한 공간을 가질 수 있다면 해결 가능하다. 확실한 안전 공간을 제공하는 서비스에 계정을 만들어야 한다는 것이 아니라, 안전한 인프라 스트럭처에 우리의 '노드'를 갖자는 것이다. 이 노드에 안전하게 도달할 수만 있다면, 조직이 가진 우리 정보에 안전하게 접근할 수도 있고, 정보가 흐르는 경로 중 어디선가 변경되지 않았다는 확신과 함께 정보의 원천을 제3자에게 필요에 따라 제공할 수도 있다.

http://sargasso.nl/meer-dan-5000-databases-met-persoonsgegevens-bij-overheid/

이 새로운 인터넷에 접속함으로써 우리와 관계가 있는 주체의 시스템 안에 존재하는 우리 자신에 대한 정보에 접속할 수 있다. 지금과 같이 체계화되지 못한 인터넷이 아니라 우리가 통제권을 가지고, 데이터에 대한 통찰력을 확보할 수 있는 인터넷을 가질 수 있다. 독자적 애플리케이션으로 풍부한 데이터셋을 해석할 수도 있다. 이러한 데이터 해석의 결과는 첫째도 둘째도 우리 자신을 위한 것이다. 그 이후 데이터와 통찰력을 제공하는 정보를 타인들과 공유할지 여부는 우리에게 달렸다.

지금과 같이 분산된 개인 데이터 체계는 분명히 '다대다'의 문제가 있다. 이동통신시장, 신용카드와 결제 시장 등 여러 시장에서 이와 같은 문제들이 발생했다. 이처럼 분산 시장에서 나타나는 문제해결의 열쇠는 경쟁주체들의 협업에 있다. 이미 이러한 사례는 나와 있다. 이동통신에서의 GSM, 신용카드업계의 비자와 마스터카드, 온라인 결제 부문의 아이딜(iDEAL), 인터넷 세계의 아이칸(ICANN)이 대표적이다.

여러 주체들 간의 협업은 개인 데이터와 관련해서는 매우 중요하다. 개인정보 친화적인 방식의 개인정보 공유에 대한 허가를 정보의 주인인 우리가 제공할 수 있어야 한다. 정보사용 허락을 받은 주체들은 안전하고, 신뢰할 수 있으며, 통일된 방식으로 개인정보에 접근할 수 있어야 한다. 데이터 수집, 저장, 보호 비용은 곧 있을 데이터 보호와 개인정보보호 관련 유럽 입법 때문에 증가할 것이다. 데이터는 변하고, 저장 데이터는 지속적인 관리를 해야 한다. 따라서 개인 데이터 저장 비용은 계속 올라갈 것이다. 저장 데이터는 한 시점을 보여주는 스냅샷과 같아서, 데이터의 오늘 모습과 내일 모습은 다를 것이기 때문이다. 더욱이 한 사람의 동일 데이터가 여러 장소에 존재한다. 5,000개 이상의 정부 데이터베이스를 생각해보라. 여러 데이터베이스 속의 데이터 요소의 불일치를 어떻게 해소해야 할까?

여러 유럽 국가에서 이 문제 해결을 위한 계획을 마련했다. 핀란드의 마이데이터, 영국의 마이인덱스, 네덜란드의 키(Qyi)가 있다. 마이데이터와 마이인덱스는 국가차원의 해결책을 목표로 하고 있다. 하지만 키 재단은 한 걸음 더 나아간다. 키 재단은 독립재단으로 지금은 유럽의 재단을 목표로 개방형 표준 작업을 몇 년째 해오고 있으며, '새로운 인터넷(New Internet)'이라고 부르는 토대 마련을 위한 공동 합의체제를 지향한다.

키 재단은 크고 작은 조직과 공공 조직들과 협업하고 있다. 에이비엔암로, 에이곤, 에이피지, 에큐스, 아이엔지, 인트라슈런스, 알티엘, 에스아이디엔, 지고, 네덜란드 정부 등이 참여하여 인터넷상 개인정보교환에 적용될 새로운 개방형 표준을 마련하기 위한 합의시스템을 구축하고 있다. 그러면 사람들은 어떤 데이터를 공유하고, 언제 공유할지 스스로 결정할 수 있다. 디지털 레이어, 신뢰 레이어가 인터넷에 추가된다. 개인 노드는 이 신뢰 레이어 접근권을 제공한다.

키 체계도
THE QIY SCHEME PRINCIPLE

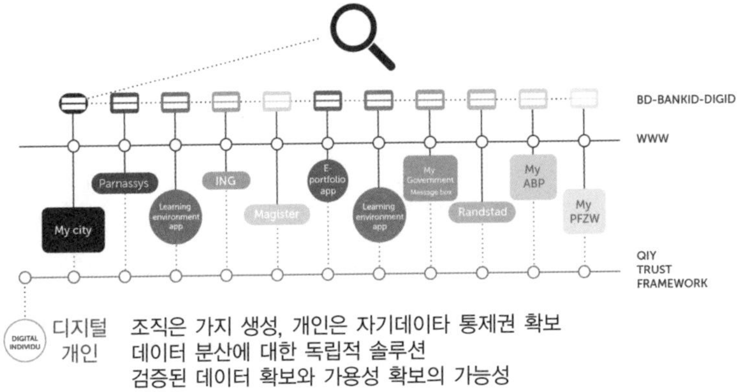

디지털 개인
조직은 가지 생성, 개인은 자기데이타 통제권 확보
데이터 분산에 대한 독립적 솔루션
검증된 데이터 확보와 가용성 확보의 가능성

그림 62: 키의 여러 레이어 구조

키의 합의시스템은 월드와이드웹 운영방식에 중요한 변화를 야기할 것이다. 조직은 우리가 정한 조건으로 현재 우리의 정보 사용에 동의해야 한다. 그렇게 되면 디지털 세계에 그간 사라졌던 신뢰가 돌아올 수 있다. 우리는 신뢰하는 조직, 즉 우리의 정보에 진정한 보안과 안전을 제공하는 조직과 일을 하고 싶을 것이다. 이러한 조직은 왜 자신들이 우리 정보를 필요로 하는지, 그 정보로 무엇을 할 것인지 설명해야 한다. 이들은 비록 현재 정보에만 접근할 수밖에 없다 하더라도 이런 조건에 동의하고, 우리의 개인정보를 존중하고 보호한다.

개인 노드의 논리적 공급자는 이동통신사, 은행이 되겠지만 정부기관, 회원제 조직, 비영리 협회 등 소비자 보호를 제공하는 주체도 포함된다. 예를 들어 지방자치단체는 주민들에게 높은 수준의 인증과 함께 개인 노드를 제공할 수 있다. 이 노드는 지방자치단체의 개인정보에 안전하게 정보의 주인이 접근할 수 있는 접근권을 제공한다. 접근권이 있다는 말은 모든 데이터가 각 개인에게 할당된 저장소에 있다는 말이 아니다. 이 방식은 안전하지도 않고, 시간이 지나면 저장데이터의 양이 증가하므로 감당하기 어려워질 수도 있다. 접근권을 가진 개인은 자신의 데이터에 신뢰레이어를 타고 접근할 수 있다. 온라인 접속을 하면 사람들은 가짜가 아닌 진정한 데이터 원천 또는 최초의 데이터 원천에 있는 자신의 데이터를 확인할 수 있다. 정부의 기본 자료 등록소는 진짜 데이터 원천이며, 자료를 생성하는 곳은 최초의 데이터 원천이다. 은행은 은행계좌번호를 생성하는 최초 데이터 원천이다. 한 세션이 종료되면 데이터는 원래 있던 원천으로 되돌아 간다.

우리의 데이터를 사용하고자 하는 주체는 스스로 원천의 품질이 어느 정도면 충분하다고 판단할 수 있는지 정해야 한다. 주택보험용 주소는 진짜 원천에서 나와야 하는가? 아니면 고객의 다른 보험회사가 제공하는 세부 주소만으로도 충분한가?

디지털 세상에서 신뢰를 복구하는 데 중요한 것은 모든 관련주체가 새로운 인터넷에 합류하고, 제시된 원칙에 합의 서명하는 일이다. 키 재단은 "인터넷을 당신의 것으로!"라는 슬로건으로 현재 온라인 환경의 종언을 고하는 12대 원칙을 발표했다.

12대 원칙은 다음과 같다.

1. **키 노드:** 나에게 주어진 키 노드는 키 계획의 규범과 표준을 준수한다. 비아 마이 키 노드 원(Via my Qiy Node I)에서 내 데이터를 관리한다.
2. **나의 데이터:** 나의 데이터는 어떤 조직에 존재하든, 나의 의지로 자발적으로 제공했는지 여부와 상관없이 나의 허가로만 사용가능하다.

3. **정보의무:** 조직이 나의 데이터를 사용하고자 하는 경우 먼저 나에게 왜 필요하며 얼마나 자주 사용할 것인지를 알려야 한다.

4. **데이터 최소화:** 조직은 데이터의 진위검증여부와 상관없이 데이터가 의도한 목적에 정말 필요할 때만 나에게 요청할 수 있다.

5. **보장:** 조직이 나의 신원에 대한 확실한 보장을 요구할 때, 요구한 보장은 의도한 목적에 반드시 필요한 것이어야 한다.

6. **정보제공기간 선택:** 나는 나의 데이터(의 일부) 제공을 한 번만할지 또는 어떤 기간을 대상으로 할지 결정할 수 있다. 나는 정보제공기간 결정 변경이 불가한 계약상 사유가 아니면 항상 이 결정을 바꿀 수 있다.

7. **익명성:** 나는 항상 나의 익명성을 유지할 수 있다. 또한 진위 확인한 데이터를 익명으로 공유할 수 있다. 익명을 유지할 수 없는 거래에서는 개인식별 정보를 제공할 수도 있고, 거래를 파기할 수도 있다.

8. **접근성:** 키 계획에 참여하는 조직은 내가 나의 데이터에 '접근'할 수 있도록 해야 한다. 이는 내가 제공했으나 익명처리 된 데이터에는 적용되지 않는다.

9. **세부정보 공유:** 조직은 나의 허가를 획득한 후에만 타 주체와 나의 데이터를 공유할 수 있다. 이 동의는 '영원히' 유효하지는 않다. 단 현행법과 규정상 나의 데이터를 공유해야 하는 상황은

예외로 한다. 이러한 예외는 내가 언제든지 확인할 수 있어야 한다.

10. **데이터 보호:** 키 계획에 참여하고 나의 데이터를 보유하거나 사용하는 주체는 키 재단이 정의한 필수 요건에 따라 해당 정보를 보호해야 한다.

11. **개인정보보호 규정:** 이러한 키 원칙은 키 계획을 통해 나의 데이터를 다루는 어떠한 조직이든 해당 조직의 자체 개인정보보호 규정에 우선한다.

12. **이의와 분쟁:** 이의가 있을 때는 먼저 해당 조직과 해결한다. 나는 웹사이트를 통해 이를 수행할 수 있다. 이런 과정으로 해결하지 못하는 경우, 분쟁해결위원회에 제소할 수 있다.

아이디어는 생각하는 상대방의 새로운 혜안을 얻어내기 위해 함께 사고할 때, 중요한 대화를 나누면서, 지속적이며 함께하는 투쟁에서 나온다.
- 베라 존-스타이너

이 책은 초융합적 혁신의 가능성을 다룬 책이다. 복잡한 사회에서 맞닥뜨리게 되는 기회와 위기는 뚜렷한 하나의 현상으로 시스템 내 모든 당사자가 참여하는 집단적 "사고의 공간"에서 사유될 때에만 온전한 이해가 가능하다.

복잡성이란 질문이자 해답이다. 초융합적 혁신은 여러 기준이 맞아 떨어져야만 발생할 수 있다. 당사자는 반드시 지식을 교환할 의지와 능력을 가지고 있어야 한다. 그러기 위해서는 적절한 환경이 갖추어져야 한다. 그 안에서 구성원은 서로를 파악하고, 지식을 융합하고 적용할 수 있는 자신의 언어를 만들어내야 하기 때문이다. 여기서 신뢰는 중요한 역할을 한다. 결과물이 파괴적이거나 매우 불확실한 혁신인 경우에 신뢰는 무엇보다도 중요하다. 특히 상황이 점점 어려워져 신뢰, 지식, 창의성이 상당히 요구되는 상황에서는 더욱 그러하다.

이러한 신뢰는 초연결성의 시대 투명성 제고로 이어져 거래비용을 획기적으로 줄이면서 새로운 비즈니스 기회를 열어주고 있다. 이러한 새로운 기회는 기존 산업의 전환을 더욱 가속화 시킬 것이다.

우리가 앞에서 언급했던 새로운 변화들이 크게 일어나고 있는 분야가 바로 금융업이다. 금융은 끊임없이 움직이는 산업이다. 금융시장의 신입 경쟁자들은 기존 경쟁자들을 공략하고 이들의 활동영역을 차지하기 위해 움직인다. 이들은 새로운 기술과 비즈니스 모델로 무장하고 있다. 새로운 모델과 기술이 나타나면서 거래 비용은 계속 낮아지고, 따라서 차지할 수 있는 시장의 마진도 줄어들 것이다.

물론 초융합적 혁신은 가치를 창출할 수 있는 새로운 기회를 만들어낸다. 영리기업과 사회적 기업의 영역이 교차하면서 금융서비스에서는 사회성과연동채권 등 다양한 혁신이 이미 실현되고 있다. 앞에서 언급했던 블록체인, API, 인공지능, 모바일 뱅킹같은 새로운 기술은 모든 유형의 혁신으로 이어졌으며, 이러한 흐름은 미래에도 계속될 것이다.

금융업은 타 산업을 학습하고, 타 산업과 융합하며 발전해왔다. 그러나 그 반대의 흐름도 발생하고 있다. 헬스케어 산업을 보자. 규제가 엄격하며, 복잡하고 빠르게 혁신하는 환경으로, 산업 내 관련 당사자들 사이의 대조적인 차이 때문에 초융합적 혁신이 제대로 이루어지지 않는 경우가 종종 있다. 관료주의적 특성, 낡은 시스템, 변경이 잦아 미로같이 복잡한 규정, 제대로 알지 못하거나 사용되지 않는 기술 혁신, 상호간 오해와 불신 등의 이유로

헬스케어 산업의 효율성과 효과성은 상당히 사라져버렸다. 하지만 금융업의 혁신을 살펴보면 헬스케어 산업에 직접 적용할 수 있는 부분이 있다.

이 책의 결론으로 성공적인 초융합적 혁신을 이룰 수 있는 구체적인 방안을 다음과 같이 정리하고자 한다.

❶ 다양한 배경, 전문성, 문화, 용기를 가진 당사자들이 "우리가 함께 할 수 있는 일이 무엇일까?"라는 질문에 함께 답을 찾을 수 있는 환경을 조성한다.

❷ 비즈니스 당위성 보다는 가치 정당성을 보고, "가치"의 개념을 금전적 가치 이상으로 확장한다.

❸ 당사자들이 두려움 없이 과감하게 함께 실험하고 학습할 수 있는 공간을 조성한다. 이는 개별 회사 및 정부의 책임이고, 혁신 친화적인 입법으로 그러한 공간을 마련할 수 있다. "빛나는 실패"에서 얻을 수 있는 지식을 공유하고 이를 보상한다.

❹ 창업 및 사업 확장의 분위기를 활성화하고, 새로운 비즈니스 모델을 가진 신규 조직과 구 조직의 협업을 지원한다.

❺ 지적 자산을 보호하는 법 또는 여러 형태의 규제에서 불필요한 제약을 개정한다.

❻ "대마불사"식 사고 등 혁신을 질식시키는 요소를 공략한다. 이러한 요소는 도미노 효과를 일으켜 초융합적 혁신 대신 훨

씬 심각한 초융합적 비극을 초래하기 때문이다.

❼ 기존 체계와 지식 교환의 표준을 토대로 지식과 정보교환의 보편적 접근방식을 마련한다.

❽ 효율적으로, 효과적으로 안전하게 구성원들이 함께 일할 수 있게 해주는 여러 (기술) 발전을 근간으로 활용한다. 결국 "모두의 인터넷, 모든 사물의 인터넷(Internet of Everyone and Everything)"으로 향하게 된다.

❾ 금융업의 기존 활동과 신규 활동을 응용하는 방식으로 금융업의 영향력을 활용하여 사회 전반의 혁신을 촉진한다. 임팩트 투자, 데이터 접근성, 규제준수 관련 문제에 대한 스마트 솔루션, 새로운 거래 시스템 등 대안을 생각한다.

마지막으로 초융합적 혁신은 집합적 특징을 가진 세계를 탐색한다. 관리보다 탐구가 더 중요하다. 그 과정 중 우연한 발견, 세렌디피티가 중요한 역할을 한다. 초융합적 혁신은 "스마트하고 재미있는" 방식으로 본격화된다. 그리고 우리는 스스로와 상대방에게 초융합적 혁신이 일어날 수 있는 공간을 제공해야 한다. 아프리카 속담에 이런 말이 있다.

"빨리 가려면 혼자 가라. 멀리 가려면 같이 가라."

2018. 4월 암스테르담

Literature

Altshuller, G.S. (1961), *How to learn to invent*, Tambov: Tambovskoe knijnoe izdatelstvo. Altshuller, G.S. & R. Shapiro (1956), 'About a technology of Creativity', *Questions of Psychology*, no.6: 37-49.

Baldwin, C.Y. & K.B. Clark (2000), *Design Rules, the Power of Modularity*, MIT Press.

Beers, C. van & F. Zand (2014), R&D cooperation, partner diversity, and innovation performance: an empirical analysis, *Journal of Product Innovation Management*, 31: 292- 312.

Bogers, M. & H. Sproedt (2012), Playful Collaboration (or Not): Using a Game to Grasp the Social Dynamics of Open Innovation in Innovation and Business Education, *Journal of Teaching in International Business*, Vol. 23, No. 2.

Bono, Edward de: (1970), *Lateral Thinking: Creativity Step by Step*, Ward Lock Education. Browning, W.D., C.O. Ryan & J.O. Clancy (2014), *14 Patterns of Biophilic Design*, New York: Terrapin Bright Green llc.

Bulk-Bunschoten, A.M.W., C.M. Renders, F.J.M. van Leerdam & R.A. Hirasing (2005), *Overbruggingsplan voor kinderen met overgewicht Methode voor individuele primaire en secundaire preventie in de jeugdgezondheidszorg*, VUMC.

Charter of European Cities & Towns Towards Sustainability, *Aalborg Charter*, Signed at the European Conference on Sustainable Cities & Towns, Aalborg, Denmark, 27 May 1994.

Chesbrough, H. (2003), Open Innovation: *The New Imperative for Creating and Profiting from Technology*, Harvard Business School Press.

Christensen, Clayton.M. (1997), *The innovator' dilemma : when new technologies cause great firms to fail*, Harvard Business Press.

Churchman, C. & West (1967), Wicked Problems, *Management Science* 14 (4), Application Series: B141-B142.

Cohen, W.M. & D.A. Levinthal (1990), Absorptive capacity: a new perspective on learning and innovation, *Administrative Science Quarterly*, 35: 128-152.

Cordon, C. & T. Vollman (2008), *The power of two*, Palgrave.

Davenport, T.H.: (2005), *The Physical Work Environment and Knowledge Worker Performance*, Harvard Business Press. (2005)

Deeds, D.L. & C.W.L. Hill (1996), Strategic alliances and the rate of new product development: an empirical study of entrepreneurial biotechnology firms, *Journal of Business Venturing* 11: 41-55.

Downes, L. & P. Nunes (2014), *Big Bang Disruption: Strategy in the Age of Devastating Innovation*, Penguin Putnam.

Dulfer, D., S. Nijssen & J. Rozendaal (2016), *Een duurzame Architectuur voor op regelgeving gebaseerde dienstverlening*, rapport van de Blauwe Kamer.

Dunbar, R. (1992), 'Neocortex Size as a Constraint on Group Size in Primates, *Journal of Human Evolution*, 22: 469-493.

Edvinsson, L. & P. Sullivan (1996), 'Developing a Model for Managing Intellectual Capital, *European Management Journal* 14, no. 4.

Elliott, M. (2015), *Formula 1 and its Contributions to Healthcare*, Gresham College.

Etzkowitz, H. & L. Leydesdorff (1995), 'The triple helix – university–industry–overnment relations: a laboratory for knowledge-based economic development', *EASST Review* 14 (I): 14-19. Geenhuizen, M. van & D.P. Soetanto (2008), Science parks: what they are and how they need to be evaluated, *International Journal of Foresight and Innovation Policy*, Vol. 4, Nos. 1-2: 90-111.

Gittell, J.H. (2000), Organizing work to support relational coordination, *International Journal of Human Resource Management*, 11: 517-539.

Goerzen, A. & P.W. Beamish (2005), The effect of alliance network diversity on multinational enterprise performance, *Strategic Management Journal*, 26. 333-354.

Hasselt, E.J. van & P. Romanesco (2014), Van CEO naar Tuinman, Business Contact. Hehenkamp, W.J., N.A. Volkers, E. Birnie, J.A. Reekers & W.M. Ankum (2004), Symptomatic uterine fibroids: treatment with uterine artery embolization or hysterectomy – results from the randomized clinical Embolisation versus Hysterectomy (EMMY), Trial. Radiology 246, 823-832.

Hemert, P. van & P. Iske (2015), Framing knowledge-based urban development and absorptive capacity of urban regions: a case-study of Limburg, the Netherlands, Int. Journal of Knowledge-Based Development, Vol. 6, No. 4.

Henderson, R. & K. Clark (1990), Architectural Innovation: The Reconfiguration of Existing Product Technologies and the Failure of Established Firms, *Administrative Science Quarterly* Vol. 35, No. 1, Special Issue: Technology, Organizations, and Innovation.

Huff, A.S., K.M. Moslein & R. Reichwald (2013), *Leading Open Innovation*, MIT Press.

Iske, P. (2004), Are you challenging your brains?, survey onder 9.300 mensen in Nederland.

Iske, P. (2009), *Combinatoric Innovation, Environments for Mobilising Intellectual Capital*, Inaugurale rede, Maastricht University.

Iske, P. & T. Boekhoff (2001), The value of Knowledge doesn't exist, KM Magazine, Volume 5, Issue 2.

Iske, P. & W. Boersma (2005), Connected Brains, *Journal of Knowledge Management*, Vol.9, No.1.

Iske, P. & P. Rinkens (2009), No-Boundaries House: Meeting of Minds, proceedings *Second Knowledge Cities Summit*, Shenzhen.

Iske, P. & H. Saint-Onge (2009), An unconventional Crisis requires and Unconventional Solution, in Adjedj Bakas (ed.), *Beyond the Crisis. The Future of Capitalism*, Meghan-Kiffer Press.

Kauffman, S.A. & S. Johnsen (1991), Co-Evolution to the Edge of Chaos: Coupled Fitness Landscapes, Poised States, and Co-Evolutionary Avalanches, *Journal of Theoretical Biology* 149: 467-505.

Kirkp atrick, D. (1998), The second coming of Apple through a magical fusion of man Steve Jobs and company, *Fortune Magazine*, November 9.

Kolb, A. & D. Kolb (2010), Learning to play, playing to learn. A case study of a ludic learning space, *Journal of Organizational Change Management* 23:1.

Kotler, P., M. Dingena & W. Pfoertsch (2016), *Transformational Sales*, Springer.

Kune, H. (2010), *Future Centers: Environments where Innovations Emerge*, METI: Tokyo.

Kurzweil, R. (2005), *The Singularity Is Near: When Humans Transcend Biology*, Viking Press. Land, G. & J. B. Jarman (1992), Breakpoint and Beyond, HarperBusiness.

Leadbeater, C. (2000), Innovation: Survival of the Fittest, *Accenture Outlook Journal Quarterly* 18 (3): 307-343.

Lugt, R. van der, S. Janssen, S. Kuperus & E. de Lange (2007), Future Center 'The Shipyard': Learning from planning, developing, using and refining a creative facility, *Creativity and innovation management*, 16(1): 66-79.

Metcalfe, B. (1995), *'Metcalfe' Law: A network becomes more valuable as it reaches more users, Infoworld*, Oct. 2.

Naber, L. & P. Iske (2004), *Zorginnovatie in perspectief. Een collectieve ambitie*, GHIP Kennis- en Coo rdinatiecentrum.

Nijssen, S. & A. Le Cat (2010), *Kennis Gebaseerd Werken: De manier om kennis productief te maken*, PNA Publishing.

O' Brian, J. (2014), *Supplier Relationship Management*, KonanPage.

OECD (2005), *Oslo Manual, Guidelines for Collecting and Interpreting Innovation Data, Third Edition*, Organisation for Economic Co-operation and Development and Statitical Office of the European Communities.

Osterwalder, A. & Y. Pigneur (2010), *Business Model Generation*, John Wiley And Sons Ltd.

Odlyzko, A. & B. Tilly (2005), *A refutation of Metcalfe's Law and a better estimate for the value of networks and network interconnections*, http://www.dtc.umn.edu/~odlyzko/doc/ metcalfe.pdf (2005)

Paulissen, L. & J.A. van Wilsem (2015), 'Dat heeft iemand anders gedaan! Een studie naar slachtofferschap en modus operandi van identiteitsfraude in Nederland, *Politiewetenschap* 82.

Polanyi, M. (1966), The Tacit Dimension, New York: Doubleday & Co., Garden City. Prahalad, C.K. (2004), *The Fortune at the Bottom of the Pyramid*, Wharton School Publishing.

Prahalad, C.K. & M.S. Krishnan (2008), *The New Age of Innovation*, Mc Graw Hill.

Prahalad, C. K. & V. Ramaswamy (2004), Co-creation experiences: The next practice in value creation, *Journal of Interactive Marketing* 18(3): 5-14.

Quinn, J.B. (2000), Outsourcing innovation: The new engine of growth, *Sloan Management Review*, Issue Summer: 13-28.

Ramsay, J. & B.A. Wagner (2009), 'Organisational Supplying Behaviour: Understanding supplier needs, wants and preferences, *Journal of Purchasing & Supply Management*, 2009: 127-138.

Robinson, K. & L. Aronica (2015), *Creative Schools*: The Grassroots Revolution *That's Transforming Education*, Viking.

Rozemeijer, F.A. (2009), *Wie kust Doornroosje wakker?*, Maastricht University. Sarashvaty, S. (2001), Causation and Effectuation: Toward a Theoretical Shift from Economic

Inevitability to Enrepreneurial Contingency, *Academy of Management Review*, 243-263.

Schumpeter, J. (1934), *The Theory of Economic Development*, Harvard University Press.

Schermer, B.W. & T. Wagemans (2009), *Onze digitale schaduw. Een verkennend onderzoek naar het aantal databases waarin de gemiddelde Nederlander geregistreerd staat*, Considerati.

Sunstein, C.R. (2006), *Infotopia: How Many Minds Produce Knowledge*, Oxford University Press.

Surowiecki, J. (2004), *The Wisdom of Crowds: Why the Many Are Smarter Than the Few and How Collective Wisdom Shapes Business, Economies, Societies and Nations*, Little, Brown.

Taleb, N.N. (2007), The Black Swan, Random House. Tuckman, B. (1965), Developmental sequence in small groups, *Psychological Bulletin* 63(6): 384-399.

Vigen, T. (2015), *Spurious Correlations*, Hyperion.

Weggeman, M. (2010), *Kennismanagement: de Praktijk*, Scriptum.

부동산 / 재테크 / 창업

나창근 지음 | 15,000원
302쪽 | 152×224mm

나의 꿈,
꼬마빌딩 건물주 되기

'조물주 위에 건물주'라는 유행어가 있듯이 건물주는 누구나 한 번은 품어보는 달콤한 꿈이다. 자금이 없으면 건물주는 영원한 꿈일까? 저자는 현재와 미래의 부동산 흐름을 읽을 줄 아는 안목과 자기 자금력에 맞춤한 전략, 꼬마빌딩을 관리할 줄 아는 노하우만 있으면 부족한 자금을 충분히 상쇄할 수 있다고 주장한다. 또한 액수별 투자전략과 빌딩 관리 노하우 그리고 건물주가 알아야 할 부동산지식을 알기 쉽게 설명한다.

박갑현 지음 | 14,500원
264쪽 | 152×224mm

월급쟁이들은 경매가 답이다
1,000만 원으로 시작해서 연금처럼 월급받는 투자 노하우

경매에 처음 도전하는 직장인의 눈높이에서 부동산 경매의 모든 것을 알기 쉽게 풀어낸다. 일상생활에서 부동산에 대한 감각을 기를 수 있는 방법에서부터 경매용어와 절차를 이해하기 쉽게 설명하며 각 과정에서 꼭 알아야 할 중요사항들을 살펴본다. 경매 종목 또한 주택, 업무용 부동산, 상가로 분류하여 각 종목별 장단점, '주택임대차보호법' 등 경매와 관련되어 파악하고 있어야 할 사항들도 꼼꼼하게 짚어준다.

나창근 지음 | 15,000원
296쪽 | 152×224mm

꼬박꼬박 월세 나오는
수익형부동산 50가지 투자비법

현재 (주)리치디엔씨 이사, (주)머니부동산연구소 대표이사로 재직하면서 [부동산TV], [MBN], [한국경제TV], [KBS] 등 방송에서 알기 쉬운 눈높이 설명으로 호평을 받은 저자는 부동산 트렌드의 변화와 흐름을 짚어주며 수익형 부동산의 종류별 특성과 투자노하우를 소개한다. 여유자금이 부족한 투자자도, 수익형 부동산이 처음인 초보 투자자도 확실한 목표를 설정하고 전략적으로 투자할 수 있는 혜안을 얻을 수 있을 것이다.

이형석 지음 | 18,500원
416쪽 | 152×224mm

빅데이터가 알려주는 성공 창업의 비밀
창업자 열에 아홉은 감으로 시작한다

국내 1호 창업컨설턴트이자 빅데이터 해석 전문가인 저자가 빅데이터를 통해 대한민국 창업의 현재를 낱낱이 꿰뚫어 보고, 이에 따라 창업자들이 미래를 대비할 수 있는 전략을 수립하게 한다. 창업자는 자신의 창업 아이템을 어떤 지역에 뿌리를 두고, 어떤 고객층을 타깃화해서 어떤 비즈니스 모델을 정할 것인지 등 일목요연하게 과학적으로 정리해 볼 수 있을 것이다.

김태희 지음 | 18,500원
412쪽 | 152×224mm

불확실성 시대에 자산을 지키는
부동산 투자학

부동산에 영향을 주는 핵심요인인 부동산 정책의 방향성, 실물경제의 움직임과 갈수록 영향력이 커지고 있는 금리의 동향에 대해 경제원론과의 접목을 시도했다. 따라서 독자들은 이 책을 읽으면서 부동산 투자에 대한 원론적인, 즉 어떤 경제여건과 부동산을 둘러싼 환경이 바뀌더라도 변치 않는 가치를 발견하게 될 것이다.

이재익 지음 | 15,000원
319쪽 | 170×224mm

바닥을 치고 오르는
부동산 투자의 비밀

이 책은 부동산 규제 완화와 함께 뉴타운사업, 균형발전촉진지구사업, 신도시 등 새롭게 재편되는 부동산시장의 모습을 하나하나 설명하고 있다. 명쾌한 논리와 예리한 진단을 통해 앞으로의 부동산시장을 전망하고 있으며 다양한 실례를 제시함으로써 이해를 높이고 있다. 이 책은 부동산 전반에 걸친 흐름에 대한 안목과 테마별 투자의 실전 노하우를 접할 수 있게 한다.

김태희, 동은주 지음
17,000원
368쪽 | 153×224mm

그래도 땅이다
불황을 꿰뚫는 답, 땅에서 찾아라

올바른 부동산투자법, 개발호재지역 투자 요령, 땅의 시세를 정확히 파악하는 법, 개발계획을 보고 읽는 방법, 국토계획 흐름을 잡고 관련 법규를 따라잡는 법, 꼭 알고 있어야 할 20가지 땅 투자 실무지식 등을 담은 책이다. 이 책의 안내를 따라 합리적인 투자를 한다면 어느새 당신도 부동산 고수로 거듭날 수 있을 것이다.

춤추는 땅투자의
맥을 짚어라

이 책은 땅투자에 대한 모든 것을 담고 있다. 땅투자를 하기 전 기초를 다지는 것부터 실질적인 땅투자 노하우와 매수·매도할 타이밍에 대한 방법까지 고수가 아니라면 제안할 수 없는 정보들을 알차게 담아두었다. 준비된 확실한 정보가 있는데 땅투자에 적극적으로 덤비지 않을 수가 없다. 이 책에서 실질적 노하우를 얻었다면 이제 뛰어들기만 하면 될 것이다.

최종인 지음 | 14,500원
368쪽 | 153×224mm

주식/금융투자

북오션의 주식/금융 투자부문의 도서에서 독자들은 주식투자 입문부터 실전 전문투자, 암호화폐 등 최신의 투자흐름까지 폭넓게 선택할 수 있습니다.

고양이도 쉽게 할 수 있는
가상화폐 실전매매 차트기술

이 책은 저자의 전작인 《암호화폐 실전투자 바이블》을 더욱 심화시킨, 중급 이상의 투자자들을 위한 본격적인 차트분석서이다. 가상화폐의 차트의 특성을 면밀히 분석하고 독창적으로 체계화해서 투자자에게 높은 수익률을 제공했던 이론들이 고스란히 수록되어 있다. 이 책으로 가상화폐 투자자들은 '코인판에 맞는' 진정한 차트분석의 실제를 만나 볼 수 있다.

박대호 지음 | 20,000원
200쪽 | 170×224mm

개념부터 차트분석까지
암호화폐 실전투자 바이블

고수익을 올리기 위한 정보취합 및 분석, 차트분석과 거래전략을 체계적으로 설명해준다. 투자자 사이에서 족집게 과외·강연으로 유명한 저자의 독창적인 차트분석과 다양한 실전사례가 성공투자의 길을 안내한다. 단타투자자는 물론 중·장기투자자에게도 나침반과 같은 책이다. 실전투자 기법에 목말라 하던 독자들에게 유용할 것이다.

박대호 지음 | 20,000원
200쪽 | 170×224mm

조한준 지음 | 20,000원
192쪽 | 170×224mm

ICO부터 장기투자까지
가상화폐 가치투자의 정석

이 책은 가상화폐가 기반하고 있는 블록체인 기술에 대한 이해를 기본으로 하여 가상화폐를 둘러싼 여러 질문들과 가상화폐의 역사와 전망을 일목요연하게 다뤄준다. 예제를 통해서 가치투자는 어떻게 해야 하는지를 알려주고, 대형주, 소형주 위주의 투자와 ICO투자의 유형으로 나누어 집중적으로 분석해준다. 부록의 체크리스트도 가치투자에 활용해 볼 수 있다.

최기운 지음 | 18,000원
424쪽 | 172×245mm

10만원으로 시작하는
주식투자

4차산업혁명 시대를 선도하는 기업의 주식은 어떤 것들이 있을까? 이제 이 책을 통해 초보투자자들은 기본적이고 다양한 기술적 분석을 익히고 그것을 바탕으로 향후 성장 유망한 기업에 투자할 수 있는 밝은 눈을 가진 성공한 가치투자자가 될 수 있다. 조금 더 지름길로 가고 싶다면 저자가 친절하게 가이드 해준 몇몇 기업을 눈여겨보아도 좋다.

최기운 지음 | 15,000원
272쪽 | 172×245mm

케.바.케로 배우는 주식
실전투자노하우

이 책은 전편 『10만원 들고 시작하는 주식투자』의 실전편으로 주식투자 때 알아야 할 일목균형표, 주가차트와 같은 그래프 분석, 가치투자를 위해 기업을 방문할 때 다리품을 파는 게 정상이라고 조언하는 흔히 '실전'이란 이름을 붙인 주식투자서와는 다르다. 주식투자자들이 가장 알고 싶어 하는 사례 67가지를 제시하여 실전투자를 가능하게 해주는 최적의 분석서이다.

곽호열 지음 | 19,000원
244쪽 | 188×254mm

초보자를 실전 고수로 만드는
주가차트 완전정복

이 책은 주식 전문 블로그 〈달공이의 주식투자 노하우〉의 운영자 곽호열이 예리한 분석력과 세심한 코치로 입문하는 사람은 물론 중급자들이 놓치기 쉬운 기술적 분석을 다양하게 선보인다. 상승이 예상되는 관심 종목 분석과 차트를 통한 매수·매도 타이밍 포착, 수익과 손실에 따른 리스크 관리 및 대응방법 등 주식시장에서 이기는 노하우와 차트기술에 대해 안내한다.